Mein Mathebuch 3

Ausgabe Bayern

Herausgegeben von:

Johanna Schmidt (Regensburg)

Erarbeitet von:

Brigitte Dangelat-Bergner (Regensburg)

Andrea Kasperbauer (Regensburg)

Christiane Listl (Wiesent)

Oldenbourg Schulbuchverlag, München

Inhalt

Zahlen und Operationen   Raum und Form   Größen und Messen
Daten und Zufall   Lernstandserhebung

Mein Mathebuch

Aufgabenniveau

(1) Dies sind einfache Übungsaufgaben.

(2) Hier kannst du Zusammenhänge entdecken.

(3) Bei diesen Aufgaben musst du gründlich überlegen.

Gelbe Unterlegungen

Manche Aufgaben sind gelb unterlegt: $5 \cdot 8 = \Box$
Dazu gibt es Hilfen am Rand.

Immer wieder, immer wichtig

Übe diese Aufgaben immer wieder 6 bis 8 Minuten lang.
Im Lauf der Zeit schaffst du immer mehr.

Lösungszahlen

Kontrolliere mit den blauen Zahlen in den Klammern (5) oder
unter den Aufgaben 7, 12, 15, 19 oder mit der Prüfzahl (PZ)
deine Lösungen.

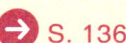

→ S. 136

Schlag nach

Hast du vergessen, was dieses Wort bedeutet?
Schlag hinten im Buch auf den Seiten 134 bis 136 nach.

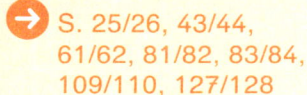

→ S. 25/26, 43/44,
61/62, 81/82, 83/84,
109/110, 127/128

Das kann ich schon / Überprüfen und üben

Mit diesen Seiten kannst du testen, ob du alles gut verstanden
hast.

Unser Mathebuch

Erfinde Aufgaben für „Unser Mathebuch".

Geometrie-Seiten

Die Geometrie-Seiten sind unten bei der Seitenzahl gelb
markiert. So kannst du sie leicht in der Mitte des Buches finden.
Warum in der Mitte? Weil Geo richtig wichtig ist.

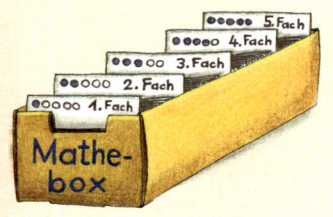

Meine Mathebox

Dein Arbeitsheft enthält neue Kärtchen für die Mathebox.
Schneide die Kärtchen aus und übe damit.

AH   FA Hier findest du passende Seiten aus deinem Arbeitsheft und zur Freiarbeit.

Reise ins Land des Sachrechnens

Wir reisen mit Bibu durchs Land des Sachrechnens.
In seinen Waggons hat er hilfreiche Tipps dabei.

 Sei schlau, lies genau!  S. 13, 98, 99

 Erst spielen oder erzählen,
dann die Rechnung wählen.  S. 13, 118

 Signalwörter erkennen,
Rechenzeichen nennen!  S. 13, 28, 29

 Zeichne einfach, zeichne klar,
schon stellt sich die Lösung dar.  S. 13, 119

 Die Frage führt zur Antwort.  S. 58, 59

 Nach dem Rechnen fällt mir ein,
wird die Antwort logisch sein?  S. 13

ICH + DU + WIR

So löst ihr Probleme Schritt für Schritt:

ICH Überlege zuerst alleine.
Wie gehe ich vor?

DU Tausche dich dann mit deinem Partnerkind aus.
Wie gehst du vor?   Ich löse das Problem so, weil ...

WIR Vergleicht nun eure Lösungswege und Entdeckungen in
der Gruppe. Welche nützen besonders? Begründet.
Dieser Weg gefällt mir am besten, weil ...

| 1 | 3 | 5 | 7 |

Bilde aus den Ziffernkarten immer zwei zweistellige Zahlen und zähle die Zahlen so zusammen, dass …

- … das Ergebnis möglichst klein ist.
- … das Ergebnis möglichst groß ist.
- … im Ergebnis an der E-Stelle eine 8 steht.

Wie gehst du vor?

1

35 + 18 = ☐

ICH Mit welchen Tricks rechnest du?
DU Wie rechnet dein Partnerkind? Vergleicht.
WIR Vergleicht in der Gruppe. Welche Tricks sind geschickt? Begründet.

2 So rechnen die Kinder. Erkläre.

Mein Trick: Zuerst zähle ich den Z und dann die E dazu.

(35 + 10) + 8 = ☐
45

Steffi

Mein Trick: Zahlenstrich! Zuerst den Z und dann die E dazuzählen.

+ 10   + 5   + 3

35   45   50   ☐

Christian

Ich zähle 20 dazu. Dann ziehe ich 2 ab.

(35 + 20) − 2 = ☐
55

Luisa

Ich kann es so besser: Zuerst zähle ich die E dazu und dann den Z.

(35 + 8) + 10 = ☐
43

Samuel

Betrachte die Aufgabenpäckchen in den Aufgaben 3 bis 5. Was fällt dir auf? Notiere deine Entdeckungen. Schreibe zu jedem Päckchen eine weitere Aufgabe.

➡ S. 136

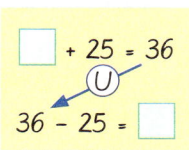

☐ + 25 = 36
(U)
36 − 25 = ☐

3
a) 21 + 10
32 + 20
43 + 30

b) 14 + 40
25 + 30
36 + 20

c) 26 + 50
37 + 40
48 + 30

d) 47 + 40
56 + 30
65 + 20

4
a) 21 + 9
32 + 8
43 + 7

b) 14 + 9
25 + 8
36 + 7

c) 26 + 9
37 + 8
48 + 7

d) 47 + 9
56 + 8
65 + 7

5
a) 21 + 19
32 + 28
43 + 37

b) 14 + 49
25 + 38
36 + 27

c) 26 + 59
37 + 48
48 + 37

d) 47 + 49
56 + 38
65 + 27

6 Rechne. Denke an die Umkehraufgabe (U).

a)
☐ + 25 = 36
☐ + 11 = 47
☐ + 45 = 96

b)
☐ + 16 = 32
☐ + 27 = 61
☐ + 39 = 53

c)
13 + ☐ = 45
44 + ☐ = 66
52 + ☐ = 87

d)
18 + ☐ = 62
69 + ☐ = 93
75 + ☐ = 92

**7**

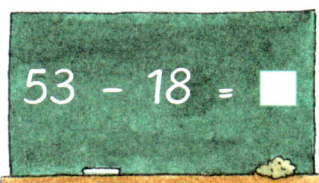

$53 - 18 = \square$

ICH Mit welchen Tricks rechnest du?
DU Wie rechnet dein Partnerkind? Vergleicht.
WIR Vergleicht in der Gruppe. Welche Tricks sind geschickt? Begründet.

8 So rechnen die Kinder. Erkläre.

Mein Trick: Zuerst ziehe ich den Z und dann die E ab.

$(53 - 10) - 8 = \square$
43

Steffi

Mein Trick: Zahlenstrich! Zuerst den Z und dann die E abziehen.

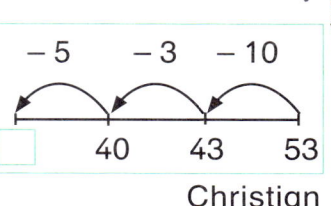
$-5 \quad -3 \quad -10$
$\square \quad 40 \quad 43 \quad 53$

Christian

Ich ziehe 20 ab. Dann zähle ich 2 dazu.

$(53 - 20) + 2 = \square$
33

Luisa

Ich kann es so besser: Zuerst ziehe ich die E ab und dann den Z.

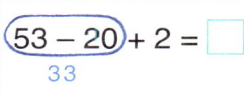

$(53 - 8) - 10 = \square$
45

Samuel

9
a)	b)	c)	d)
$57 - 30$	$80 - 10$	$92 - 10$	$36 - 20$
$68 - 40$	$70 - 20$	$83 - 20$	$45 - 30$
$79 - 50$	$60 - 30$	$74 - 30$	$54 - 40$

10
a)	b)	c)	d)
$57 - 5$	$80 - 7$	$92 - 3$	$36 - 8$
$68 - 6$	$70 - 8$	$83 - 4$	$45 - 7$
$79 - 7$	$60 - 9$	$74 - 5$	$54 - 6$

11
a)	b)	c)	d)
$57 - 35$	$80 - 17$	$92 - 13$	$36 - 28$
$68 - 46$	$70 - 28$	$83 - 24$	$45 - 37$
$79 - 57$	$60 - 39$	$74 - 35$	$54 - 46$

12 Rechne. Denke an die Umkehraufgabe.

a)	b)	c)	d)
$\square - 52 = 23$	$\square - 48 = 17$	$89 - \square = 43$	$82 - \square = 24$
$\square - 66 = 31$	$\square - 29 = 24$	$93 - \square = 31$	$63 - \square = 34$
$\square - 34 = 43$	$\square - 56 = 35$	$75 - \square = 64$	$94 - \square = 77$

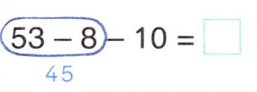

1 2 6 9

Bilde aus den Ziffernkarten immer zwei zweistellige Zahlen und ziehe die Zahlen so voneinander ab, dass …

• … das Ergebnis möglichst groß ist.
• … das Ergebnis möglichst klein ist.
• … im Ergebnis an der Z-Stelle eine 4 steht.

Wie gehst du vor?

Betrachte die Aufgabenpäckchen in den Aufgaben 9 bis 11. Was fällt dir auf? Notiere deine Entdeckungen. Schreibe zu jedem Päckchen eine weitere Aufgabe.

1 Welche Zahlen sind in den Zeichen versteckt?

a)

b)

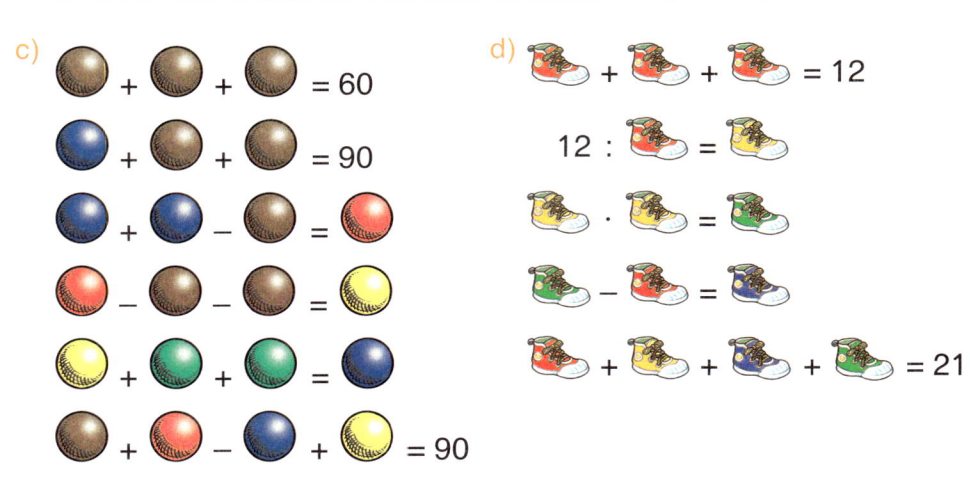

c)

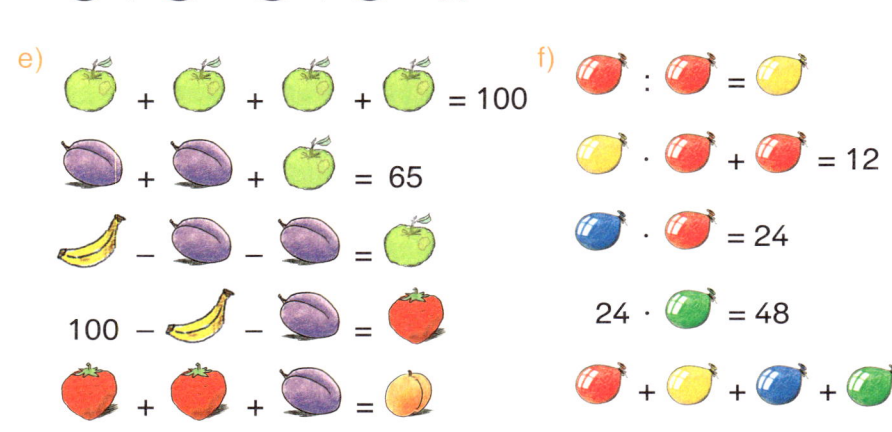

d)

e)

f)

Erfinde einen eigenen Code für „Unser Mathebuch".

Wenn du alle Codes knacken kannst, bist du ganz schön schlau.

g)

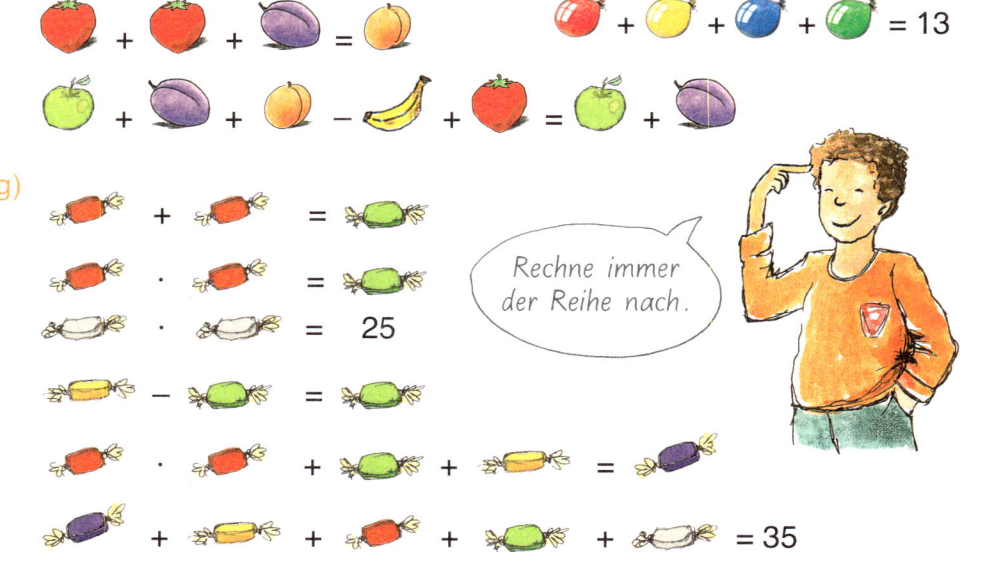

Rechne immer der Reihe nach.

1 `ICH + DU + WIR` Vergleicht die Zielzahlen. Was entdeckt ihr? Warum ist das so? Begründet.

→ S. 136

a) Zielzahl
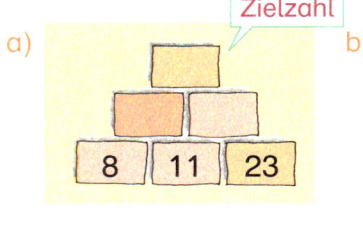

b)

c)

d)

e)
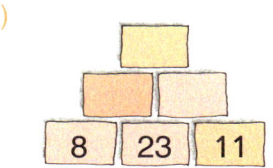

f)

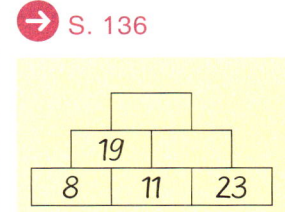

Probiere mit 3 anderen Zahlen. Ist das immer so? Begründe.

2 Zeichne eigene Rechenmauern und probiere aus: Wie musst du die Zahlen 10, 20, 30 in die untere Mauerreihe setzen, damit ...
a) ... die größte Zielzahl herauskommt?
b) ... die kleinste Zielzahl herauskommt?

Ein Stein ist immer besonders wichtig.

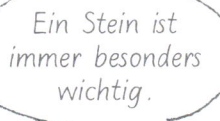

3 a)

b)

c)
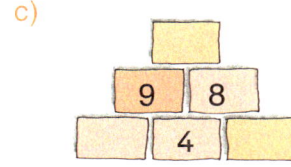

d)

e)

f)

4 Hier musst du knobeln.

a)

b)

c)

5 Es gibt viele Lösungen.

a)

b)

c)

Erfinde Rechenmauern zum Knobeln für „Unser Mathebuch".

6 Zielzahl immer gleich! Bilde unterschiedliche Mauern.

Zahlen suchen und finden

1 Zahlen legen
- Nenne eine Zahl.
- Dein Partnerkind legt die passenden Zahlenkärtchen.

$76 + 4 + \square = 88$

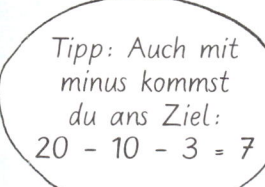

Finde ähnliche Aufgaben für „Unser Mathebuch".

→ S. 135, 136

2 a) Lege mit Zahlenkärtchen.
11, 34, 66, 78, 22, 57, 88, 94, 43, 75, 82, 31, 86, 64, 19, 27
b) Ordne die Zahlen von klein nach groß.

3 Setze die Zahlen richtig ein.

a) | 4 | 5 | 8 | 9 |

$76 + \square + \square = 88$

$83 + \square + \square = 97$

b) | 5 | 7 | 8 | 1 | 2 |

$10 + \square + \square = 25$

$43 + \square + \square = 60$

c) | 6 | 7 | 1 | 0 | 2 | 0 |

$22 + \square + \square = 49$

$36 + \square + \square = 52$

d) | 1 | 3 | 2 | 4 | 3 | 1 | 1 | 6 |

$25 + \square + \square = 54$

$45 + \square + \square = 100$

4 Rechne waagerecht, rechne senkrecht. Die Zahl in der Mitte ist immer das Ergebnis.

waagerecht / senkrecht

a)
3	+	□	+	10
+				+
□		20		□
+				+
□	+	7	+	8

b)
15	+	20	+	□	+	□
+						+
□			100			35
+						+
□	+	40	+	5	+	25

c)
20	+	□	+	25
+				+
□		50		□
+				+
15	+	□	+	10

d)
□	+	□	+	35	+	15
+						+
65			100			□
+						+
15	+	20	+	5	+	□

5 Setze die Zahlen richtig ein.

a) 11, 20, 23, 30, 31
34	+	□	+	□
+				+
□		75		33
+				+
21	+	□	+	□

b) 11, 21, 23, 33, 44, 55, 66
10	+	□	+	□	+	22
+						+
□			99			□
+						+
34	+	□	+	□	+	□

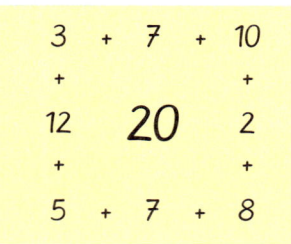

3 + 7 + 10
+   +
12   20   2
+   +
5 + 7 + 8

Tipp: Auch mit minus kommst du ans Ziel: 20 - 10 - 3 = 7

Vorteilhafte Lösungswege entwickeln

6 a)
```
35 + 20 + 15
+         +
[  ]  ?  [  ]
+         +
[ ] + [ ] + [ ]
```

b)
```
32 + [ ] + [ ] + 15
+              +
65    100    [ ]
+              +
[ ] + [ ] + [ ] + [ ]
```

c)
```
20 + [ ] + [ ]
+          +
[ ]  77  35
+          +
[ ] + [ ] + 10
```

d)
```
[ ] + [ ] + [ ] + 12
+              +
[ ]    ?    60
+              +
[ ] + [ ] + [ ] + 13
```

7 Ein Geburtstagsrätsel: Patrick feiert seinen 20. Geburtstag.
Er hat 8 Gäste zu seiner Party eingeladen. Wie alt sind sie?

Patrick ist 20 Jahre alt.
Anna ist 22 Jahre alt.
Tina ist …

8 Erfinde ein eigenes Geburtstagsrätsel.

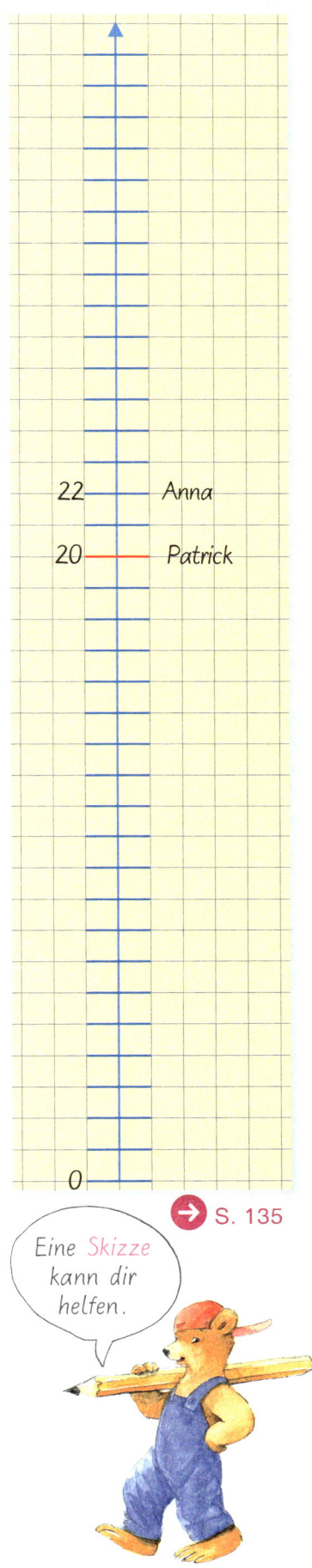

→ S. 135

Erst denken, dann rechnen

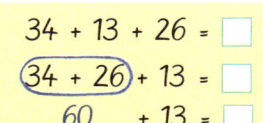

$34 + 13 + 26 = \square$
$(34 + 26) + 13 = \square$
$60 + 13 = \square$

1 Rechne geschickt. Erkläre deinem Partnerkind den Rechentrick.

a) **34 + 13 + 26**
23 + 16 + 47
25 + 35 + 27
72 + 7 + 18
56 + 29 + 14

b) 17 + 33 + 24
46 + 21 + 14
38 + 52 + 3
64 + 16 + 15
31 + 22 + 29

c) 42 + 26 + 32
33 + 26 + 27
62 + 13 + 17
59 + 21 + 16
49 + 14 + 26

73, 74, 81, 82, 86, 86, 87, 89, 92, 93, 95, 96, 97, 99, 100

$32 - 21 - 2 = \square$
$(32 - 2) - 21 = \square$
$30 - 21 = \square$

2 Rechne geschickt. Erkläre deinem Partnerkind den Rechentrick.

a) **32 – 21 – 2**
57 – 13 – 27
86 – 23 – 16
98 – 18 – 24
34 – 9 – 14

b) 48 – 19 – 28
65 – 45 – 13
72 – 25 – 32
94 – 38 – 24
36 – 8 – 26

c) 67 – 15 – 27
88 – 41 – 38
53 – 27 – 13
74 – 12 – 24
66 – 14 – 36

1, 2, 7, 9, 9, 11, 13, 15, 16, 17, 25, 32, 38, 47, 56

$43 + 35 - 23 = \square$
$(43 - 23) + 35 = \square$
$20 + 35 = \square$

3 Rechne geschickt. Erkläre deinem Partnerkind den Rechentrick. Achte auf die Rechenzeichen.

a) **43 + 35 – 23**
55 – 28 + 33
56 – 26 + 34
34 – 13 – 14
47 + 12 – 37

b) 74 – 32 – 34
94 + 28 – 44
48 + 35 – 18
63 – 33 + 44
56 + 22 – 16

c) 33 – 15 + 7
84 + 16 – 24
26 + 58 – 16
37 – 18 + 23
47 + 23 – 51

7, 8, 19, 22, 25, 42, 55, 60, 62, 64, 65, 68, 74, 76, 78

Bilde aus zwei aufeinander-folgenden Ziffern (außer 0) zwei Zahlen. Ziehe die kleinere Zahl von der größeren Zahl ab. Probiere mit verschiedenen Ziffern. Was stellst du fest?

Erfinde eigene Rechentürme und erweitere das Forscherplakat.

4 ICH ▶ Schöne Türme! Rechne. Untersuche jeweils die 1. Zahl, die 2. Zahl und das Ergebnis. Was entdeckst du?
DU ▶ Tausche dich mit deinem Partnerkind aus.
WIR ▶ Erstellt ein Forscherplakat.

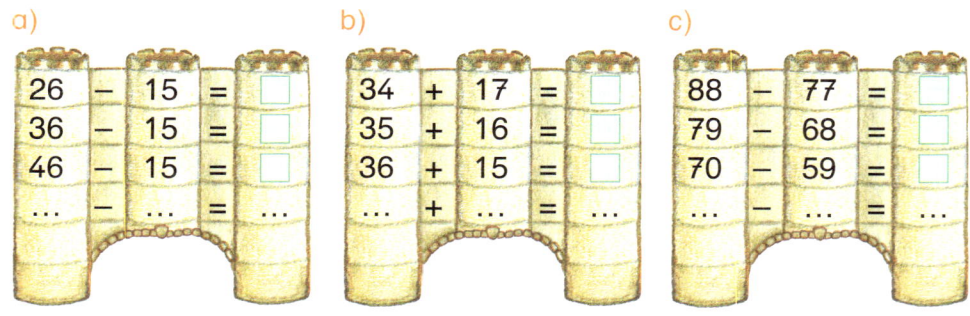

a)
26 – 15 = □
36 – 15 = □
46 – 15 = □
… – … = …

b)
34 + 17 = □
35 + 16 = □
36 + 15 = □
… + … = …

c)
88 – 77 = □
79 – 68 = □
70 – 59 = □
… – … = …

	1. Zahl	2. Zahl	Ergebnis
a)	wird immer um 10 größer	bleibt gleich	□
b)	wird immer um 1 größer	wird immer um 1 kleiner	□
c)	…	…	…

AH Seite 4   FA 1   Rechenstrategien nutzen; arithmetische Muster beschreiben und fortsetzen

Wiederholung Klasse 2

1 Emil hat am Strand 26 Muscheln gesammelt.
Franzi hat 9 Muscheln weniger als Emil, aber
14 Muscheln mehr als Igor.
F: Wie viele Muscheln haben Franzi und Igor?

Sei schlau,
lies genau!

a) **ICH + DU + WIR** Wie löst ihr die Aufgabe? Tauscht euch aus.
b) So lösen die Kinder die Aufgabe.

*Ich lese den
Text zuerst
ganz genau!*

*Ich erzähle:
Emil hat 26 Muscheln.
Franzi hat 9 Muscheln
weniger als Emil.
Ich rechne minus!*

Leila

Erst spielen oder
erzählen,
dann die
Rechnung wählen.

Fine

*Ich achte auf
die Signalwörter!*

... 9 Muscheln **weniger** ...
... 14 Muscheln **mehr** ...

Chris

Signalwörter
erkennen,
Rechenzeichen
nennen!

Franzi: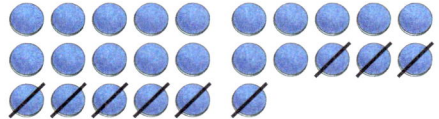

Igor: ...

*Ich mache
eine Skizze!*

Sara

Zeichne einfach,
zeichne klar,
schon stellt sich
die Lösung dar.

Ich rechne!

R: 26 − 9 = 17
A: 17 Muscheln hat Franzi.

Samuel

Nach dem
Rechnen fällt mir
ein, wird die
Antwort logisch
sein?

2 Kann Samuels Lösung stimmen? Überprüfe und begründe.
Löse die Aufgabe auf deinem Weg.

Einmaleinstabelle

ICH + DU Nenne eine Aufgabe aus der Einmaleins-tabelle. Dein Partnerkind nennt das Ergebnis. Wechselt euch ab.

·	0	1	2	3	4	5	6	7	8	9	10
0	0 · 0	0 · 1	0 · 2	0 · 3	0 · 4	0 · 5	0 · 6	0 · 7	0 · 8	0 · 9	0 · 10
1	1 · 0	1 · 1	1 · 2	1 · 3	1 · 4	1 · 5	1 · 6	1 · 7	1 · 8	1 · 9	1 · 10
2	2 · 0	2 · 1	2 · 2	2 · 3	2 · 4	2 · 5	2 · 6	2 · 7	2 · 8	2 · 9	2 · 10
3	3 · 0	3 · 1	3 · 2	3 · 3	3 · 4	3 · 5	3 · 6	3 · 7	3 · 8	3 · 9	3 · 10
4	4 · 0	4 · 1	4 · 2	4 · 3	4 · 4	4 · 5	4 · 6	4 · 7	4 · 8	4 · 9	4 · 10
5	5 · 0	5 · 1	5 · 2	5 · 3	5 · 4	5 · 5	5 · 6	5 · 7	5 · 8	5 · 9	5 · 10
6	6 · 0	6 · 1	6 · 2	6 · 3	6 · 4	6 · 5	6 · 6	6 · 7	6 · 8	6 · 9	6 · 10
7	7 · 0	7 · 1	7 · 2	7 · 3	7 · 4	7 · 5	7 · 6	7 · 7	7 · 8	7 · 9	7 · 10
8	8 · 0	8 · 1	8 · 2	8 · 3	8 · 4	8 · 5	8 · 6	8 · 7	8 · 8	8 · 9	8 · 10
9	9 · 0	9 · 1	9 · 2	9 · 3	9 · 4	9 · 5	9 · 6	9 · 7	9 · 8	9 · 9	9 · 10
10	10 · 0	10 · 1	10 · 2	10 · 3	10 · 4	10 · 5	10 · 6	10 · 7	10 · 8	10 · 9	10 · 10

Das sind die Kernaufgaben:

→ S. 134

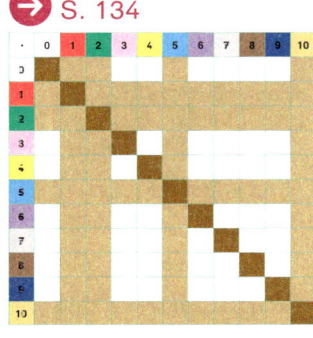

① Zeichne die Tabelle in dein Heft. Rechne die Kernaufgaben.

② **ICH + DU + WIR**
a) Welche Aufgaben in den weißen Feldern könnt ihr schon im Kopf lösen? Erklärt euch eure Rechentricks.
b) Welche Aufgaben gelingen noch nicht im Kopf? Wie übt ihr sie? Besprecht Lerntricks.

③ Zeichne zu jeder Quadrataufgabe ein passendes Quadrat. Schneide die Quadrate aus und lege sie übereinander. Wie viele Kästchen siehst du in der 1. Lage, in der 2. Lage, …?

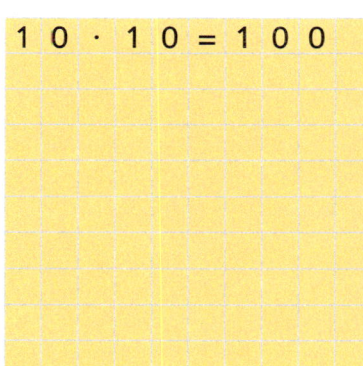

10 · 10 = 100

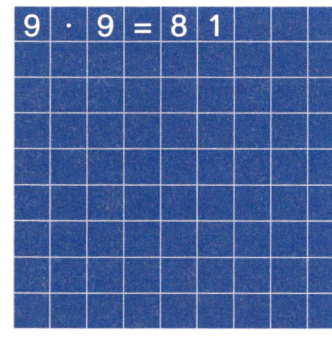

9 · 9 = 81

Was entdeckst du?

1 Rechne Nachbaraufgaben. Erkläre deinem Partnerkind den Trick.

→ S. 135

a) 7 · 5

b) 4 · 2

c) 1 · 6

d) 5 · 8

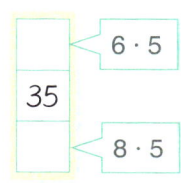

e) 3 · 3

f) 2 · 7

g) 9 · 1

h) 4 · 10

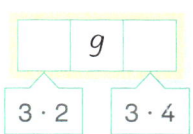

i) 5 · 9

j) 3 · 2

k) 7 · 7

l) 4 · 5

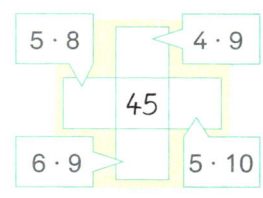

2 Welche Kernaufgaben helfen dir?

→ S. 134

4 · 3   3 · 6   4 · 8   6 · 9   8 · 7   9 · 6   4 · 9   7 · 9   8 · 3   7 · 6   9 · 8

$$4 \cdot 3 = \square \qquad 3 \cdot 6 = \square$$
$$3 \cdot 3 = 9 \qquad 3 \cdot 5 = 15$$

3 Übe die Kernaufgaben.

a)	b)	c)	d)	e)	f)	g)
8 · 5	4 · 5	6 ·	2 ·	3 ·	9 ·	7 ·
8 · 10	4 · 10	6 ·	2 ·	·	·	·
8 · 2	4 · 2	6 ·	2 ·	·	·	·
8 · 1	4 · 1	6 ·	2 ·	·	·	·

4 Malnehmen und teilen: Schreibe jeweils die Tauschaufgabe (T) und die zwei Umkehraufgaben (U).

→ S. 136

a) 4 · 2   b) 6 · 2   c) 5 · 2   d) 1 · 2   e) 2 · 2

f) 3 · 2   g) 8 · 2   h) 7 · 2   i) 9 · 2   j) 10 · 2

5 Teile. Die Umkehraufgabe hilft.

a) 25 : 5   b) 35 : 5   c) 81 : 9   d) 45 : 9
   18 : 2   50 : 10   64 : 8   14 : 7
   49 : 7   12 : 2   40 : 5   18 : 9
   30 : 10   9 : 3   45 : 5   40 : 8
   16 : 4   40 : 10   16 : 2   35 : 7

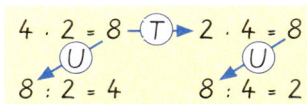
Die Kernaufgaben kann ich schon im Schlaf. Du auch?

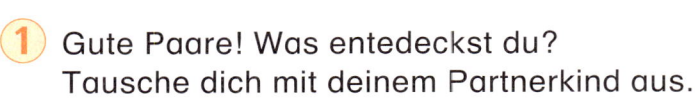

⏱ Seite 15, Aufgabe 2   Kernaufgaben

... findest du hier.

1 Gute Paare! Was entedeckst du?
Tausche dich mit deinem Partnerkind aus.

a) $2 \cdot 2$ b) $2 \cdot 6$ c) $2 \cdot 10$ d) $4 \cdot 4$ e) $4 \cdot 8$
$4 \cdot 2$ $4 \cdot 6$ $4 \cdot 10$ $2 \cdot 4$ $2 \cdot 8$

f) $3 \cdot 2$ g) $7 \cdot 2$ h) $1 \cdot 2$ i) $5 \cdot 4$ j) $9 \cdot 4$
$3 \cdot 4$ $7 \cdot 4$ $1 \cdot 4$ $5 \cdot 2$ $9 \cdot 2$

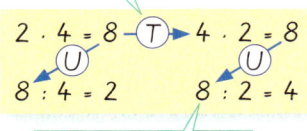

Lerne mit dem Fingereinmaleins.

➜ S. 134

2 Ergänze deine Einmaleinstabelle von Seite 14.
Trage das Einmaleins mit 4 vollständig ein. Lerne es auswendig. Das Fingereinmaleins kann dir dabei helfen.

➜ S. 136

Tauschaufgabe

$2 \cdot 4 = 8$ — (T) → $4 \cdot 2 = 8$
(U)   (U)
$8 : 4 = 2$ $8 : 2 = 4$

Umkehraufgabe

3 Bilde immer vier verwandte Aufgaben.

a) $2 \cdot 4$ b) $3 \cdot 4$ c) $6 \cdot 4$ d) $0 \cdot 4$ e) $8 \cdot 4$
f) $10 \cdot 4$ g) $1 \cdot 4$ h) $7 \cdot 4$ i) $4 \cdot 4$ j) $9 \cdot 4$

4 a) $16 = \boxed{} \cdot 4$ b) $19 = \boxed{} \cdot 4 + \boxed{}$ c) $11 = \boxed{} \cdot 4 + \boxed{}$
$0 = \boxed{} \cdot 4$ $3 = \boxed{} \cdot 4 + \boxed{}$ $34 = \boxed{} \cdot 4 + \boxed{}$
$28 = \boxed{} \cdot 4$ $23 = \boxed{} \cdot 4 + \boxed{}$ $14 = \boxed{} \cdot 4 + \boxed{}$
$36 = \boxed{} \cdot 4$ $37 = \boxed{} \cdot 4 + \boxed{}$ $18 = \boxed{} \cdot 4 + \boxed{}$

Erfinde einen ähnlichen Rechenturm mit schönen Ergebnissen.

5 Schöne Ergebnisse! Setze die Türme fort. Was fällt dir auf?

a) $12 : 4$ b) $40 : 4$ c) $9 : 4$ d) $28 : 4$ e) $43 : 4$
$16 : 4$ $36 : 4$ $13 : 4$ $29 : 4$ $39 : 4$
$20 : 4$ $32 : 4$ $17 : 4$ $30 : 4$ $35 : 4$
$\boxed{} : \boxed{}$ $\boxed{} : \boxed{}$ $\boxed{} : \boxed{}$ $\boxed{} : \boxed{}$ $\boxed{} : \boxed{}$

Tipp: Ich denke an die passende Malaufgabe.

6 Setze die Zahlenfolgen fort.
a) 40, 36, 32, ..., 0   b) 4, 12, 20, ..., 100   c) 40, 32, 36, ..., 0

7 Schreibe Frage (F), Skizze (S), Rechnung (R), Antwort (A).
a) Ein Auto hat 4 Reifen.
   F: Wie viele Reifen haben 8 Autos?
b) In einem Quartettspiel sind 32 Karten.
   F: Wie viele Quartette kannst du bekommen?

8 Schreibe Rechengeschichten zu $3 \cdot 4 = \boxed{}$ und $36 : 4 = \boxed{}$.

... leicht gemacht.

Seite 16, Aufgabe 2   Einmaleins mit 4

1 **ICH + DU** Zeichnet die Tabelle ab und füllt sie. Vergleicht die Zahlen, die untereinander stehen. Was fällt euch auf?

·	1	2	3	4	5	6	7	8	9	10
2	2	4	6							
4	4	8								
8	8									

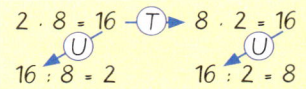

Lerne mit dem Fingereinmaleins.

2 Ergänze deine Einmaleinstabelle von Seite 14. Trage das Einmaleins mit 8 vollständig ein. Lerne es auswendig. Das Fingereinmaleins kann dir dabei helfen.

$$2 \cdot 8 = 16 \xrightarrow{T} 8 \cdot 2 = 16$$
$$16 : 8 = 2 \qquad 16 : 2 = 8$$

3 Bilde immer vier verwandte Aufgaben.

a) 2 · 8   b) 9 · 8   c) 6 · 8   d) 7 · 8   e) 1 · 8
f) 5 · 8   g) 4 · 8   h) 3 · 8   i) 10 · 8   j) 8 · 8

4	8	5	1	2

Bilde aus den Ziffernkarten alle möglichen ⊙ Aufgaben. Wie gehst du vor?

4 Schöne Türme! Untersuche die Zahlen. Was fällt dir auf?

a) 40 = ☐ · 8   b) 55 = ☐ · 8 + ☐   c) 77 = ☐ · 8 + ☐
   32 = ☐ · 8   54 = ☐ · 8 + ☐   69 = ☐ · 8 + ☐
   24 = ☐ · 8   53 = ☐ · 8 + ☐   61 = ☐ · 8 + ☐
   16 = ☐ · 8   52 = ☐ · 8 + ☐   53 = ☐ · 8 + ☐

42 : 8 = 5 R 2
denn
(5 · 8) + 2 = 42
40

5 a) 40 : 8   b) 42 : 8   c) 25 : 8   d) 14 : 8   e) 9 : 8
      32 : 8   39 : 8   74 : 8   35 : 8   15 : 8
      80 : 8   84 : 8   12 : 8   22 : 8   58 : 8
      24 : 8   17 : 8   62 : 8   45 : 8   65 : 8

6 Wie viel kosten die einzelnen Perlen? Rechne. Wie gehst du vor? Besprich dich mit deinem Partnerkind.

a)  = 4 € ▲ = ☐ € b) 🌡 = 8 € 🌸 = ☐ € c) 🥒 = ☐ € ● = 2 €

32 €   48 €   56 €

Schreibe ein Zahlenrätsel zum Einmaleins mit 8 für „Unser Mathebuch".

7

Wenn ich zu meiner Zahl *das Doppelte* von 8 dazuzähle, erhalte ich 20.

Meine Zahl ist 5-mal so groß wie das Ergebnis von 6 + 2.

Wenn ich meine Zahl durch 8 teile, erhalte ich 7.

→ S. 134

... schnell bist du dabei.

⏱ Seite 17, Aufgabe 2   Einmaleins mit 8

6 9 12 21 24 27
3   30
15 18

Lerne mit dem Fingereinmaleins.

① Schreibe zu den Bildern passende ⊙ Aufgaben.

a) 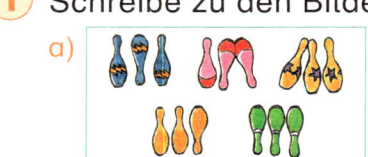 b) c)

② Ergänze deine Einmaleinstabelle von Seite 14.
Trage das Einmaleins mit 3 vollständig ein. Lerne es auswendig. Das Fingereinmaleins kann dir dabei helfen.

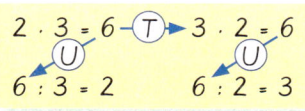

$2 \cdot 3 = 6$ — T → $3 \cdot 2 = 6$
U   U
$6 : 3 = 2$ $6 : 2 = 3$

③ Bilde immer vier verwandte Aufgaben.

a) $2 \cdot 3$ b) $4 \cdot 3$ c) $7 \cdot 3$ d) $10 \cdot 3$ e) $8 \cdot 3$
f) $1 \cdot 3$ g) $5 \cdot 3$ h) $0 \cdot 3$ i) $6 \cdot 3$ j) $9 \cdot 3$

④
a) $15 = \square \cdot 3$ b) $16 = \square \cdot 3 + \square$ c) $13 = \square \cdot 3 + \square$
   $21 = \square \cdot 3$ $23 = \square \cdot 3 + \square$ $25 = \square \cdot 3 + \square$
    $0 = \square \cdot 3$ $2 = \square \cdot 3 + \square$ $19 = \square \cdot 3 + \square$
   $27 = \square \cdot 3$ $29 = \square \cdot 3 + \square$ $26 = \square \cdot 3 + \square$

Erfinde einen ähnlichen Rechenturm mit schönen Ergebnissen.

⑤ Schöne Ergebnisse! Setze die Türme fort. Was fällt dir auf?

a) $18 : 3$ b) $21 : 3$ c) $28 : 3$ d) $14 : 3$ e) $9 : 3$
   $15 : 3$ $24 : 3$ $25 : 3$ $17 : 3$ $10 : 3$
   $12 : 3$ $27 : 3$ $22 : 3$ $20 : 3$ $11 : 3$
   $\square : \square$ $\square : \square$ $\square : \square$ $\square : \square$ $\square : \square$

⑥ Schreibe zu den Zahlen möglichst viele ⊙ Aufgaben.
Vergleiche mit deinem Partnerkind.

a)  b)  c)  d)

Schreibe Rechengeschichten zu
$4 \cdot 3 = \square$ und
$15 : 3 = \square$.

⑦ Schreibe Frage (F), Skizze (S), Rechnung (R), Antwort (A).
a) Sara, Fabian und Resul besuchen den Zirkus. Sie zahlen zusammen 18 €.
   F: Wie viele Euro kostet der Eintritt für jedes Kind?
b) 4 Pferde sind in der Arena. Auf jedem Pferd sitzen 3 Affen.
   F: Wie viele Affen sind das insgesamt?

Seite 18, Aufgabe 2 Einmaleins mit 3

1 Gute Paare! Was entedeckst du?
Tausche dich mit deinem Partnerkind aus.

a) $3 \cdot 2$ b) $3 \cdot 8$ c) $3 \cdot 6$ d) $6 \cdot 3$ e) $6 \cdot 10$
   $6 \cdot 2$ $6 \cdot 8$ $6 \cdot 6$ $3 \cdot 3$ $3 \cdot 10$

f) $4 \cdot 3$ g) $1 \cdot 3$ h) $5 \cdot 3$ i) $7 \cdot 6$ j) $9 \cdot 6$
   $4 \cdot 6$ $1 \cdot 6$ $5 \cdot 6$ $7 \cdot 3$ $9 \cdot 3$

... ist wirklich wie verhext.

2 Ergänze deine Einmaleinstabelle von Seite 14.
Trage das Einmaleins mit 6 vollständig ein. Lerne es
auswendig. Das Fingereinmaleins kann dir dabei helfen.

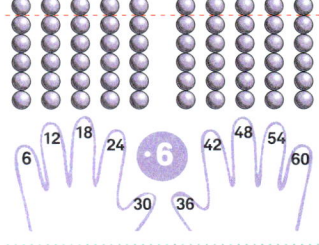

Lerne mit dem Fingereinmaleins.

3 Bilde immer vier verwandte Aufgaben.

a) $2 \cdot 6$ b) $5 \cdot 6$ c) $8 \cdot 6$ d) $6 \cdot 6$ e) $9 \cdot 6$
f) $6 \cdot 6$ g) $0 \cdot 6$ h) $3 \cdot 6$ i) $4 \cdot 6$ j) $7 \cdot 6$

$2 \cdot 6 = 12$ —T→ $6 \cdot 2 = 12$
U
$12 : 6 = 2$ $12 : 2 = 6$

2 6 1 3 5

Bilde aus den
Ziffernkarten alle
möglichen
⊙ Aufgaben.
Wie gehst du vor?

4 a) $36 = \square \cdot 6$ b) $38 = \square \cdot 6 + \square$ c) $57 = \square \cdot 6 + \square$

$48 = \square \cdot 6$ $52 = \square \cdot 6 + \square$ $9 = \square \cdot 6 + \square$

$24 = \square \cdot 6$ $28 = \square \cdot 6 + \square$ $64 = \square \cdot 6 + \square$

$0 = \square \cdot 6$ $4 = \square \cdot 6 + \square$ $20 = \square \cdot 6 + \square$

5 a) $54 : 6$ b) $58 : 6$ c) $21 : 6$ d) $8 : 6$ e) $45 : 6$
   $36 : 6$ $38 : 6$ $51 : 6$ $17 : 6$ $55 : 6$
   $0 : 6$ $4 : 6$ $27 : 6$ $19 : 6$ $49 : 6$
   $42 : 6$ $44 : 6$ $34 : 6$ $22 : 6$ $53 : 6$

$58 : 6 = 9 \text{ R } 4$
denn
$(9 \cdot 6) + 4 = 58$
54

6 Vergleiche die Ergebnisse eines Päckchens. Was fällt dir auf?
Notiere deine Entdeckungen.

a) $6 \cdot 1$ b) $1 \cdot 5$ c) $8 \cdot 3$ d) $7 \cdot 8$ e) $1 \cdot 4$
   $6 \cdot 2$ $2 \cdot 5$ $4 \cdot 3$ $7 \cdot 4$ $2 \cdot 4$
   $6 \cdot 4$ $4 \cdot 5$ $2 \cdot 3$ $7 \cdot 2$ $4 \cdot 4$
   $6 \cdot 8$ $8 \cdot 5$ $1 \cdot 3$ $7 \cdot 1$ $8 \cdot 4$

Schreibe ein
Zahlenrätsel zu
$\square : 6 = 5$ und
$6 \cdot \square = 54$ für
„Unser Mathebuch".

7

Wenn ich meine Zahl durch 6 teile, erhalte ich 8.

Ich weiß drei Ergebnisse aus dem Einmaleins mit 6 mit der Prüfzahl 9.

Wenn ich meine Zahl verdopple, erhalte ich das Ergebnis von $6 \cdot 6$.

→ S. 135

... kann ja so einfach sein.

 Seite 19, Aufgabe 2   Einmaleins mit 6

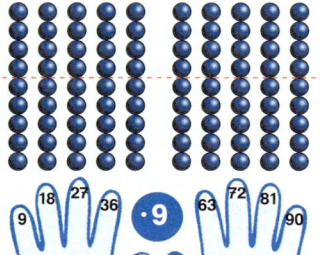

Lerne mit dem Fingereinmaleins.

→ S. 135

1 Ergänze deine Einmaleinstabelle von Seite 14.
Trage das Einmaleins mit 9 vollständig ein. Lerne
es auswendig. Das Fingereinmaleins kann dir dabei helfen.

2 Beim Einmaleins mit 9 gibt es einige Besonderheiten. Erkläre.

Beim Ergebnis ist die *Prüfzahl* immer 9.

+1 −1
↓ ↓

$1 \cdot 9 = 9$ ⟶	$1 \cdot 10 - 1 = \square$
$2 \cdot 9 = 18$ ⟶	$2 \cdot 10 - 2 = \square$
$3 \cdot 9 = 27$	$3 \cdot 10 - 3 = \square$
$... \cdot 9 = ...$	$... \cdot 10 - ... = \square$
$9 \cdot 9 = 81$	$9 \cdot 10 - 9 = \square$
$10 \cdot 9 = 90$	$10 \cdot 10 - 10 = \square$

3 Erkläre, wie der Einmalneun-Fingercomputer funktioniert.

$1 \cdot 9 = 9$ $2 \cdot 9 = 18$ $3 \cdot 9 = 27$ $4 \cdot 9 = 36$ $5 \cdot 9 = 45$

$6 \cdot 9 = 54$ $7 \cdot 9 = 63$ $8 \cdot 9 = 72$ $9 \cdot 9 = 81$ $10 \cdot 9 = 90$

Erfinde weitere schöne Türme.

4 Schöne Türme! Untersuche die Zahlen. Was fällt dir auf?

a)	b)	c)	d)	e)
$3 \cdot 4$	$9 \cdot 7$	$5 \cdot 3$	$8 \cdot 9$	$10 \cdot 3$
$6 \cdot 4$	$6 \cdot 7$	$5 \cdot 6$	$8 \cdot 6$	$10 \cdot 6$
$9 \cdot 4$	$3 \cdot 7$	$5 \cdot 9$	$8 \cdot 3$	$10 \cdot 9$

$47 : 9 = 5 \text{ R } 2$
denn
$(5 \cdot 9) + 2 = 47$
45

5
a)	b)	c)	d)	e)
$27 : 9$	$47 : 9$	$28 : 9$	$19 : 9$	$43 : 9$
$54 : 9$	$66 : 9$	$34 : 9$	$74 : 9$	$86 : 9$
$81 : 9$	$70 : 9$	$51 : 9$	$38 : 9$	$59 : 9$
$36 : 9$	$89 : 9$	$42 : 9$	$10 : 9$	$17 : 9$

Schreibe Rechengeschichten zu
$5 \cdot 9 = \square$ und
$81 : 9 = \square$.

6 Schreibe Frage (F), Skizze (S), Rechnung (R), Antwort (A).
Christian prahlt: „Ich habe 6-mal hintereinander alle Neune geworfen."
F: Wie viele Kegel hat Christian insgesamt umgeworfen?

1 Steffi zählt die Tage bis zu ihrem Geburtstag.

Heute ist der 4. Oktober. In genau 4 Wochen habe ich Geburtstag. Wie viele Tage sind das wohl noch?

OKTOBER

Mo	Di	Mi	Do	Fr	Sa	So
1	2	3	4	5	6	7
8	9	10	11	12	13	14
15	16	17	18	19	20	21
22	23	24	25	26	27	28
29	30	31				

NOVEMBER

Mo	Di	Mi	Do	Fr	Sa	So
			1	2	3	4
5	6	7	8	9	10	11
12	13	14	15	16	17	18
19	20	21	22	23	24	25
26	27	28	29	30		

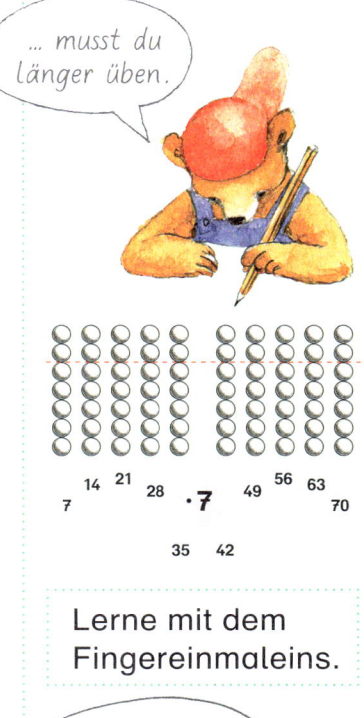

... musst du länger üben.

7   14   21   28   · 7   49   56   63   70
35   42

Lerne mit dem Fingereinmaleins.

Wie sieht deine Einmaleinstabelle jetzt aus?

$5 \cdot 7 = 35$ — T — $7 \cdot 5 = 35$
U   U
$35 : 7 = 5$ $35 : 5 = 7$

2 Wo findest du Ergebnisse des 7er-Einmaleins im Kalender?

3 Ergänze deine Einmaleinstabelle von Seite 14. Trage das Einmaleins mit 7 vollständig ein. Lerne es auswendig. Das Fingereinmaleins kann dir dabei helfen.

4 Bilde immer vier verwandte Aufgaben.

a) $5 \cdot 7$ b) $2 \cdot 7$ c) $0 \cdot 7$ d) $6 \cdot 7$ e) $10 \cdot 7$
f) $8 \cdot 7$ g) $9 \cdot 7$ h) $4 \cdot 7$ i) $1 \cdot 7$ j) $3 \cdot 7$

5 Schöne Türme! Untersuche die Zahlen. Was fällt dir auf?

a) $14 = \square \cdot 7$
$21 = \square \cdot 7$
$28 = \square \cdot 7$
$35 = \square \cdot 7$

b) $65 = \square \cdot 7 + \square$
$58 = \square \cdot 7 + \square$
$51 = \square \cdot 7 + \square$
$44 = \square \cdot 7 + \square$

c) $59 = \square \cdot 7 + \square$
$60 = \square \cdot 7 + \square$
$61 = \square \cdot 7 + \square$
$62 = \square \cdot 7 + \square$

6
a) $28 : 7$ b) $30 : 7$ c) $27 : 7$ d) $69 : 7$ e) $62 : 7$
$14 : 7$ $15 : 7$ $48 : 7$ $54 : 7$ $39 : 7$
$56 : 7$ $58 : 7$ $37 : 7$ $74 : 7$ $2 : 7$
$21 : 7$ $23 : 7$ $11 : 7$ $45 : 7$ $13 : 7$

$30 : 7 = 4 \text{ R } 2$
denn
$(4 \cdot 7) + 2 = 30$
28

7 Schreibe Frage (F), Skizze (S), Rechnung (R), Antwort (A).
a) Andi hat in 63 Tagen Geburtstag.
   F: Wie viele Wochen sind das?
b) Lukas hat in 26 Tagen Geburtstag.
   F: Wie viele Wochen und wie viele Tage sind das?

Schreibe Rechengeschichten zu
$7 \cdot 7 = \square$ und
$35 : 7 = \square$.

Teilen mit und ohne Rest

$18 : 6 = 3$
$54 : 6 = \square$
...

Wer findet die meisten Geteiltaufgaben?

1 ICH + DU + WIR ▸ Untersucht die Zahlen. Welche sind teilbar durch ...
a) ... 6 ?   b) ... 7?   c) ... 8?   d) ... 9?

63	9	49	28	14	18	54	27	64	5	36	56

2 Finde zu den Zahlen aus Aufgabe 1 Aufgaben mit Rest.

3 Rechne. Vergleiche die Ergebnisse. Was fällt dir auf?

a) 8 : 4	b) 16 : 8	c) 6 : 3	d) 14 : 7	e) 18 : 9	f) 12 : 6
16 : 4	32 : 8	12 : 3	28 : 7	36 : 9	24 : 6
24 : 4	48 : 8	18 : 3	42 : 7	54 : 9	36 : 6
32 : 4	64 : 8	24 : 3	56 : 7	72 : 9	48 : 6

4 Schreibe Frage (F), Skizze (S), Rechnung (R), Antwort (A).
a) Andi hat 27 Murmeln. Er teilt sie gleichmäßig mit seinen 2 Freunden.
F: Wie viele Murmeln bekommt jedes Kind?
b) Magda feiert mit 5 Freunden ihren Geburtstag. Die Mutter macht für alle Kinder Mini-Bratwurstspieße.
F: Wie viele Spieße kann jedes Kind essen, wenn es insgesamt 24 Spieße gibt?

Erfinde eigene Rechen-geschichten zu Geteiltaufgaben.

5 Bibus Geteiltspiel
(Spiel für 2–4 Kinder)

Ihr braucht einen Würfel und jedes Kind eine Spielfigur. Startet bei der 1 . Das erste Kind würfelt und rückt so viele Felder vor, wie der Würfel zeigt. Es nennt zu der Zahl, auf der es landet, eine Geteiltaufgabe. Es darf ein Rest bleiben.
Ist die Aufgabe richtig, darf das Kind 3 Felder vorrücken.
Ist die Aufgabe falsch, muss es stehen bleiben und sich in der nächsten Runde eine passende Aufgabe überlegen.
Wer erreicht zuerst die 100 ?

1	2	3	4	5	6	7	8	9	10
11	12	13	14	15	16	17	18	19	20
21	22	23	24	25	26	27	28	29	30
31	32	33	34	35	36	37	38	39	40
41	42	43	44	45	46	47	48	49	50
51	52	53	54	55	56	57	58	59	60
61	62	63	64	65	66	67	68	69	70
71	72	73	74	75	76	77	78	79	80
81	82	83	84	85	86	87	88	89	90
91	92	93	94	95	96	97	98	99	100

6 Eine Aufgabe passt nicht in die Reihe. Begründe schriftlich.

a) 35 : 7	b) 9 : 8	c) 37 : 6	d) 30 : 4	e) 18 : 8
48 : 8	10 : 4	25 : 4	58 : 7	28 : 6
63 : 9	18 : 6	49 : 8	44 : 6	48 : 7
44 : 6	24 : 7	45 : 7	65 : 9	80 : 9
64 : 8	40 : 9	55 : 9	58 : 8	43 : 4

7 Rechne und mache die Probe (P).

a) 25 : 4	b) 13 : 3	c) 19 : 2	d) 26 : 3	e) 27 : 7
28 : 5	41 : 7	49 : 6	37 : 4	55 : 9
32 : 6	82 : 9	37 : 9	53 : 5	11 : 8
19 : 3	88 : 10	58 : 8	39 : 6	61 : 6
42 : 8	14 : 4	52 : 7	99 : 10	5 : 4

> 25 : 4 = 6 R 1
> P: (6 · 4) + 1 = 25
>   24

8 Teilen mit und ohne Rest. Was fällt dir bei den Ergebnissen auf? Notiere deine Entdeckungen schriftlich.

a) 36 : 7	b) 18 : 9	c) 7 : 6	d) 10 : 8	e) 16 : 7
30 : 7	19 : 9	8 : 6	18 : 8	16 : 6
24 : 7	20 : 9	9 : 6	26 : 8	18 : 8
18 : 7	21 : 9	10 : 6	34 : 8	18 : 7
12 : 7	22 : 9	11 : 6	42 : 8	8 : 3

9 Schreibe Frage (F), Skizze (S), Rechnung (R), Antwort (A).
a) Samuel legt mit Muggelsteinen 4 Reihen mit je 3 Steinen.
Danach hat er noch 2 Steine übrig.
F: Wie viele Steine hat Samuel insgesamt?
b) Lisa will 37 Muggelsteine in 4 Reihen legen.
F: Wie viele Steine liegen in einer Reihe, wie viele sind übrig?

> Erfinde Rechengeschichten zum Teilen mit Rest.

10 Zwei Wege führen zum Ziel.

> 56 : 8 = 7 → 48 : 6 = ☐

> Findest du beide Wege?

🕐 Seite 23, Aufgabe 7   Teilen mit Rest

1 Wie viel kosten die einzelnen Perlen? Rechne.
Wie gehst du vor? Besprich dich mit deinem Partnerkind.

9 € : 3 = ☐ €
🟣 Einzelpreis ☐ €

🟣 Einzelpreis 3 €
33 € – 6 € = 27 €
27 € : 3 = ☐ €
🔶 Einzelpreis ☐ €

ICH + DU Erfinde eine Perlenkette. Dein Partnerkind berechnet die Einzelpreise der Perlen.

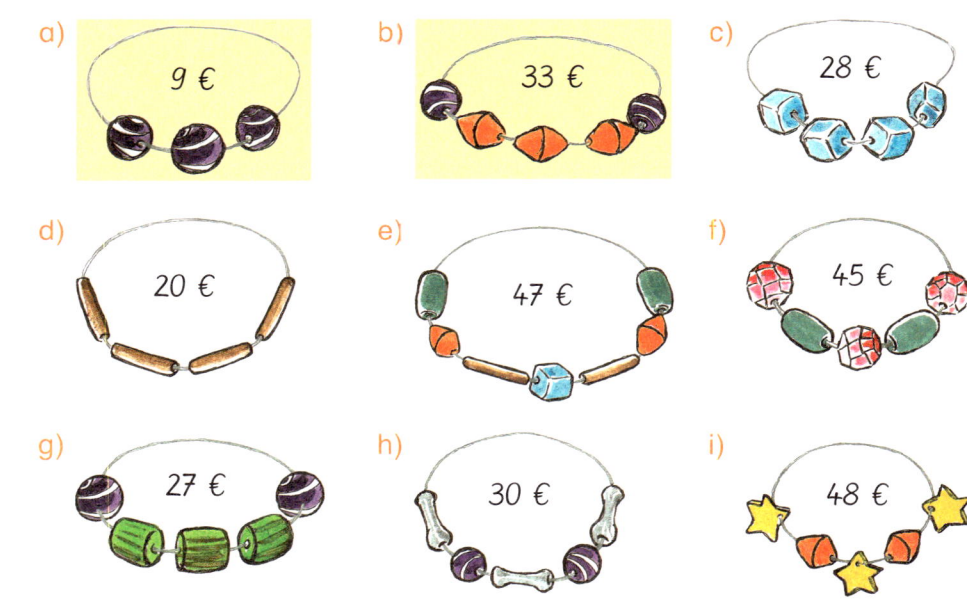

a) 9 €

b) 33 €

c) 28 €

d) 20 €

e) 47 €

f) 45 €

g) 27 €

h) 30 €

i) 48 €

2 In einem Kasten Mineralwasser sind 6 Flaschen.
Vater kauft 3 Kästen.
F: Wie viele Flaschen sind das?

Eine Skizze kann dir helfen!

3 Leos Klasse hat 28 Kinder. Die Lehrerin möchte Gruppentische mit je 6 Kindern aufstellen. Ist das möglich? Finde eine andere Aufteilung.

4 Immer 5 Brezen liegen in einer Tüte. 7 Tüten sind voll.
F: Wie viele Brezen sind es insgesamt?

5 Fabian teilt Kaugummis an 8 Freunde aus. 17 Stück hat er.
F: Wie viele Kaugummis bekommt jedes Kind, wenn Fabian für sich selbst auch einen nimmt?

6 Luisa möchte 23 Sammelbildchen kaufen. In jedem Päckchen sind 6 Bildchen.
F: Wie viele Päckchen braucht Luisa?

Schreibe eine Rechengeschichte zum Einmaleins für „Unser Mathebuch".

7 Lukas schläft jede Nacht 8 Stunden. Marie schläft jede Nacht 2 Stunden länger als Lukas.
a) F: Wie viele Stunden schläft Lukas in einer Woche?
b) F: Wie viele Stunden schläft Marie in einer Woche?

Mathematische Lösungen zu Sachsituationen finden; relevante Informationen aus Texten entnehmen

1 a) 67 + 24 = ☐   b) 93 − 54 = ☐   c) 34 + 29 = ☐

      84 − 38 = ☐   36 + 47 = ☐   44 − 26 = ☐

      39 + 22 = ☐   62 − 36 = ☐   56 + 32 = ☐

      73 − 45 = ☐   44 + 19 = ☐   82 − 39 = ☐

      65 + 26 = ☐   52 − 38 = ☐   56 + 35 = ☐

> Bearbeite immer eine Aufgabe. Wie konntest du sie lösen? Male im Heft passend dazu:
>
>

2 Löse die Zahlenrätsel.

    a) Die Zahl ist um 5 kleiner als das Doppelte von 15.

    b) Die Zahl ist 7-mal so groß wie das Ergebnis von 3 + 5.

    c) Die Zahl ist um 37 größer als die Hälfte von 50.

3 a)    b)    c)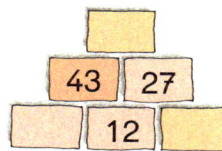

4 Schreibe die verwandten Aufgaben.

    a) 4 · 8 = 32   b) 3 · 7 = 21   c) 6 · 9 = 54   d) 7 · 6 = 42

      8 · ☐ = 32   ☐ · ☐ = ☐   ☐ · ☐ = ☐   ☐ · ☐ = ☐

      ☐ : 8 = 4   ☐ : ☐ = ☐   ☐ : ☐ = ☐   ☐ : ☐ = ☐

      32 : ☐ = 8   ☐ : ☐ = ☐   ☐ : ☐ = ☐   ☐ : ☐ = ☐

5 a) 6 · 4 = ☐   b) 2 · ☐ = 18   c) 16 : 2 = ☐   d) ☐ : 9 = 9

      8 · 7 = ☐   6 · ☐ = 36   18 : 3 = ☐   ☐ : 9 = 8

      4 · 9 = ☐   8 · ☐ = 64   49 : 7 = ☐   ☐ : 7 = 5

      6 · 5 = ☐   9 · ☐ = 45   48 : 8 = ☐   ☐ : 4 = 7

      9 · 3 = ☐   10 · ☐ = 100   54 : 6 = ☐   ☐ : 8 = 4

> *Alles fertig? Überprüfe mit Seite 26.*

6 a) 16 = ☐ · 5 + ☐   b) 91 = ☐ · 9 + ☐   c) 35 : 8 = ☐   d) 82 : 9 = ☐

      77 = ☐ · 8 + ☐   74 = ☐ · 8 + ☐   57 : 7 = ☐   65 : 7 = ☐

      38 = ☐ · 7 + ☐   31 = ☐ · 7 + ☐   18 : 4 = ☐   56 : 9 = ☐

      55 = ☐ · 8 + ☐   48 = ☐ · 9 + ☐   47 : 7 = ☐   25 : 3 = ☐

      26 = ☐ · 4 + ☐   52 = ☐ · 9 + ☐   40 : 6 = ☐   21 : 4 = ☐

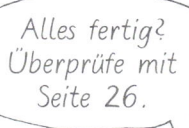

7 Die Kinder der Klasse 3c sitzen an Gruppentischen. Es gibt 4 Gruppen mit je 4 Kindern und 2 Gruppen mit je 6 Kindern.

    F: Wie viele Kinder sind in der Klasse 3c?

    Schreibe Frage (F), Skizze (S), Rechnung (R), Antwort (A).

Mit diesen Aufgaben
kannst du üben:

→ S. 6/5
S. 7/11

1 a) $67 + 24 = 91$ b) $93 - 54 = 39$ c) $34 + 29 = 63$

    $84 - 38 = 46$ $36 + 47 = 83$ $44 - 26 = 18$

    $39 + 22 = 61$ $62 - 36 = 26$ $56 + 32 = 88$

    $73 - 45 = 28$ $44 + 19 = 63$ $82 - 39 = 43$

    $65 + 26 = 91$ $52 - 38 = 14$ $56 + 35 = 91$

2 Löse die Zahlenrätsel.
  a) Die Zahl ist um 5 kleiner als das Doppelte von 15.   25
  b) Die Zahl ist 7-mal so groß wie das Ergebnis von 3 + 5.   56
  c) Die Zahl ist um 37 größer als die Hälfte von 50.   62

→ S. 17/7
S. 19/7

3 a)   b)   c)

a)
```
        43
     17    26
   15    2    24
```

b)
```
        100
     63    37
   42    21    16
```

c)
```
        70
     43    27
   31    12    15
```

→ S. 9/1, 3

4 Schreibe die verwandten Aufgaben.
  a) $4 \cdot 8 = 32$ b) $3 \cdot 7 = 21$ c) $6 \cdot 9 = 54$ d) $7 \cdot 6 = 42$

   $8 \cdot 4 = 32$ $7 \cdot 3 = 21$ $9 \cdot 6 = 54$ $6 \cdot 7 = 42$

   $32 : 8 = 4$ $21 : 7 = 3$ $54 : 9 = 6$ $42 : 6 = 7$

   $32 : 4 = 8$ $21 : 3 = 7$ $54 : 6 = 9$ $42 : 7 = 6$

→ S. 17/3
S. 19/3
S. 21/4

5 a) $6 \cdot 4 = 24$ b) $2 \cdot 9 = 18$ c) $16 : 2 = 8$ d) $81 : 9 = 9$

   $8 \cdot 7 = 56$ $6 \cdot 6 = 36$ $18 : 3 = 6$ $72 : 9 = 8$

   $4 \cdot 9 = 36$ $8 \cdot 8 = 64$ $49 : 7 = 7$ $35 : 7 = 5$

   $6 \cdot 5 = 30$ $9 \cdot 5 = 45$ $48 : 8 = 6$ $28 : 4 = 7$

   $9 \cdot 3 = 27$ $10 \cdot 10 = 100$ $54 : 6 = 9$ $32 : 8 = 4$

→ S. 16/2
S. 17/2
S. 18/2
S. 19/2
S. 20/1
S. 21/3

6 a) $16 = 3 \cdot 5 + 1$ b) $91 = 10 \cdot 9 + 1$ c) $35 : 8 = 4R3$ d) $82 : 9 = 9R1$

   $77 = 9 \cdot 8 + 5$ $74 = 9 \cdot 8 + 2$ $57 : 7 = 8R1$ $65 : 7 = 9R2$

   $38 = 5 \cdot 7 + 3$ $31 = 4 \cdot 7 + 3$ $18 : 4 = 4R2$ $56 : 9 = 6R2$

   $55 = 6 \cdot 8 + 7$ $48 = 5 \cdot 9 + 3$ $47 : 7 = 6R5$ $25 : 3 = 8R1$

   $26 = 6 \cdot 4 + 2$ $52 = 5 \cdot 9 + 7$ $40 : 6 = 6R4$ $21 : 4 = 5R1$

→ S. 16/4, 5
S. 17/4, 5
S. 18/4, 5
S. 19/4, 5
S. 20/4, 5
S. 21/5, 6

7 Die Kinder der Klasse 3c sitzen an Gruppentischen. Es gibt
4 Gruppen mit je 4 Kindern und 2 Gruppen mit je 6 Kindern.
F: Wie viele Kinder sind in der Klasse 3c?

R: $4 \cdot 4 = 16$ $2 \cdot 6 = 12$ $16 + 12 = 28$ S:

A: 28 Kinder sind in der Klasse 3c.

→ S. 24/3

1 ICH + DU + WIR ▸ Vielfache von 2! Rechnet so weit ihr kommt.

Sprecht so:

Das **Einfache** von 2 ist 2. $1 \cdot 2 = 2$
Das **Zweifache** von 2 ist 4. $2 \cdot 2 = 4$
Das **Dreifache** von 2 ist 6. $3 \cdot 2 = 6$
...   ...
Das ☐**fache** von 2 ist ☐.   ☐ $\cdot 2 =$ ☐

Ich denke an die Einmaleinsreihe.

Schreibt so:
Vielfache von 2: 2, 4, 6, ...

2 Schreibe die Vielfachen der folgenden Zahlen auf.
a) 4   b) 8   c) 3   d) 6   e) 9

3 ICH + DU ▸ Vergleicht die Vielfachen von 2 und 4.
Was fällt euch auf? Notiert eure Entdeckungen.

4 Vergleiche die Vielfachen weiterer Einmaleinsreihen.

5 ICH + DU + WIR ▸ Durch welche Zahlen lässt sich die Zahl 24
teilen? Wie geht ihr vor?

So überlegen die Kinder:

Ich kann jede Zahl durch 1 und durch sich selbst teilen.

24 kann ich halbieren, also ist 24 durch 2 teilbar.

Ich überprüfe, in welchen Einmaleinsreihen 24 enthalten ist.

Schreibt so:
Teiler von 24: 1, 2, ...

6 Schreibe die Teiler der folgenden Zahlen auf.
a) 12   b) 14   c) 16   d) 18   e) 28

7 ICH + DU ▸ Vergleicht die Teiler von 24 und 12.
Was fällt euch auf? Notiert eure Entdeckungen.

8 Erforsche weitere Zahlen und ihre Teiler.

→ S. 136

Alle Ergebnisse von Malaufgaben, die ich zu einer Zahl finden kann, sind **Vielfache** dieser Zahl.

Vielfache von 4:
4, 8, 12, ...

Wie weit kommst du? Die Einmaleinstafel auf Seite 132 hilft dir.

Alle Zahlen, durch die ich eine Zahl teilen kann, sind **Teiler** dieser Zahl.

→ S. 136

Teiler von 12:
1, 2, 3, ...

Vielfache und Teiler
    ist Teiler von

4 ⟶ 12

ist Vielfaches von

Signalwörter

Flohmarkt in der Schule

ICH + DU + WIR ▶ Achtet auf die Signalwörter. Was bedeuten sie? Besprecht euch.

Minus, plus, geteilt durch oder mal, das verrät mir keine Zahl! Kleine Wörter geben mir oft ein Signal.

Erfinde weitere Rechenfragen zum Bild.

Du hast 20 €. Was kaufst du?

1 Das ist Leilas Stand.

2 Stunden später

a) Moritz kauft Leila 3 Autos ab. Er zahlt **je** Auto 3 Euro.
   F: Wie viele Euro muss Moritz bezahlen?
b) Sara kauft von Leila 3 Bücher und 4 Figuren.
   F: Wie viele Euro muss Sara bezahlen?
c) F: Wie viele Euro hat Leila nach 2 Stunden eingenommen?
d) Kann Leilas Aussage stimmen? Begründe schriftlich.

Wenn ich alles verkaufe, habe ich genau 50 € eingenommen.

2 Lukas kauft eine Taucherbrille und ein Paar Schwimmflossen für **je** 8 €.
F: Wie viele € muss Lukas bezahlen?

3 Sonja verkauft Spielsachen. Bis mittags hat sie 9 € eingenommen. Am Abend hat sie das **Doppelte**.
F: Wie viele € hat Sonja bis zum Abend insgesamt eingenommen?

4 Antonia kommt mit 30 € auf den Flohmarkt. Als sie wieder geht, hat sie die **Hälfte** davon ausgegeben.
F: Wie viele € hat Antonia noch?

5 Du gehst einkaufen und hast am Ende **halb** so viel Geld wie vorher. Erfinde eine Aufgabe dazu. Schreibe F, R, A.

das Doppelte:
das Gleiche noch einmal
$2 \cdot \square = \square$

 S. 134

die Hälfte:
gleichmäßig durch 2 teilen
$\square : 2 = \square$

➜ S. 134

Sachsituationen: Informationen zu Größen aus verschiedenen Quellen entnehmen; Strategien zur Problemlösung nutzen

6

> Das Spiel hat dreimal so viel gekostet wie eine CD von dir.

> Dann hast du ☐ € gezahlt!

Schreibe F, R, A.

7 Steffi kauft sich eine Reithose und Reitstiefel. Sie bezahlt das Siebenfache von dem, was ein Mäppchen kostet. Schreibe F, R, A.

3 €

8

> Ich habe fünfmal so viel eingenommen, wie ich ausgegeben habe. 2 € habe ich ausgegeben.

> Ich habe von meinen 25 € den fünften Teil ausgegeben.

a) F: Wie viele € hat Franzi eingenommen?
b) F: Wie viele € hat Erkan übrig?

9 Hannes hat ein Jahr lang wöchentlich ein Comicheft gekauft. Jetzt verkauft er seine Sammlung.
a) F: Wie viele Comics verkauft Hannes insgesamt?
b) Wenn Hannes pro Heft 50 ct verlangt, kann er 30 € einnehmen. Kann das sein? Begründe.
c) F: Wie viele Euro nimmt er ein, wenn er 6 Hefte zu je 50 ct verkauft?

10 Dein eigener Flohmarktstand! Was willst du verkaufen? Was kosten deine Sachen?

ICH + DU
Überlegt euch ähnliche Aufgaben.

Erfinde ähnliche Aufgaben.

Signalwörter: dreimal, siebenfach, wöchentlich, …

> Findest du noch mehr Signalwörter? Gestalte doch ein tolles Plakat dazu.

Signalwörter erkennen, Rechenzeichen nennen.

1	2	3	4	5	6	7	8	9	10
11	12	13	14	15	16	17	18	19	20
21	22	23	24	25	26	27	28	29	30
31	32	33	34	35	36				
41	42	43	44	45	46				
51	52	53	54	55	56				
61	62	63	64	65	66				
71	72	73	74	75	76				
81	82	83	84	85	86				
91	92	93	94	95	96				

101	102	103	104	105	106	107	108	109	110
111	112	113	114	115	116	117	118	119	120
121	122	123	124	125	126	127	128	129	130
131	132	133	134	135	136	137	138	139	140
141	142	143	144	145	146	147	148	149	150
151	152	153	154	155	156	157	158	159	160
161	162	163	164	165	166	167	168	169	170
171	172	173	174	175	176	177	178	179	180
181	182	183	184	185	186	187	188	189	190
191	192	193	194	195	196	197	198	199	200

1 ICH + DU + WIR ▶ Welche Regeln entdeckt ihr in der Hundertertafel?

2 Untersuche die Hundertertafel und ergänze.
a) Ein Kästchen nach rechts bedeutet ☐ .
b) Ein Kästchen nach links bedeutet ☐ .
c) Ein Kästchen nach oben bedeutet ☐ .
d) Ein Kästchen nach unten bedeutet ☐ .

3 Stimmen die Aussagen aus Aufgabe 2 auch im zweiten Hunderter? Überprüfe mit den Zahlen 123, 137, 159, 175, 182.

4 Schreibe aus den Tafeln alle Zahlen auf, die an der Einerstelle ...
a) ... eine 3 haben.   b) ... eine 7 haben.   c) ... eine 5 haben.
Was fällt dir auf? Wo stehen die Zahlen jeweils? Beschreibe.

5 Schreibe aus den Tafeln alle Zahlen auf, die an der Zehnerstelle ...
a) ... eine 2 haben.   b) ... eine 6 haben.   c) ... eine 1 haben.
Was fällt dir auf? Wo stehen die Zahlen jeweils? Beschreibe.

6 Untersuche immer beide Hundertertafeln.
a) Schreibe die größte zweistellige Zahl auf.
b) Schreibe die kleinste dreistellige Zahl auf.
c) Schreibe die Zahlen auf, die an der Zehner- und an der Einerstelle die gleiche Ziffer haben.

Und was bedeutet + 100?

3, 13, 23, ...

Ich kann's sogar bis 993!

Beziehungen zwischen Zahlen begründen

7 a) Welche Zahlen stehen in der Hundertertafel in den Nachbarfeldern?

| 63 | 84 | 49 | 22 | 68 | 24 | 35 | 52 | 76 | 17 |

	53	
62	63	64
	73	

b) Versuche das Gleiche nun in der Zweihundertertafel.

| 163 | 184 | 149 | 122 | 168 | 124 | 135 | 152 | 176 | 117 |

	153	
162	163	164
	173	

8 Fliege mit Bibu über die Hundertertafeln. Schreibe die Strecken als Aufgaben in dein Heft. Wo landet Bibu?

Von der 4 aus
2 → 2 Kästchen nach rechts
1 ↓ 1 Kästchen nach unten
...

a)
Start	Strecke	Ziel
4	2 → 1 ↓	16
3	1 ↓ 2 →	
88	6 ↑ 7 ←	
67	5 ↑ 5 ←	
12	4 ↓ 1 ←	

b)
Start	Strecke	Ziel
104	2 → 1 ↓	116
103	1 ↓ 2 →	
188	6 ↑ 7 ←	
167	5 ↑ 5 ←	
112	4 ↓ 1 ←	

4 + 2 + 10 = 16

104 + 2 + 10 = 116

c)
Start	Strecke	Ziel
70	4 ← 2 ↑ 1 →	
22	4 ↓ 4 → 2 ↓	
57	3 ↑ 2 ← 1 ↑	
94	2 ↑ 3 → 3 ↑	
68	1 ↓ 7 ← 5 ↑	

d)
Start	Strecke	Ziel
133	2 ← 3 ↑ 9 → 3 ↓	
175	3 → 1 ↓ 4 ← 1 ↓	
149	6 ← 3 ↓ 2 ← 4 ↑	
114	4 ↓ 3 ← 2 ↑ 2 →	
186	1 ↑ 1 ← 1 ↑ 1 ←	

70 − 4 − 20 + 1 =

Schreibe einen Flugplan mit der Zielzahl 155 für „Unser Mathebuch".

9 **ICH + DU** Erfinde eine Flugstrecke. Dein Partnerkind schreibt die Strecke als Aufgabe. Wechselt euch ab.

10 Schreibe die Flugstrecke auf. Hier gibt es viele Möglichkeiten.

Start	14	193	89	156	103	88	174	133	67	121	142
Ziel	65	101	26	191	124	47	119	122	11	160	179

Ein Tierlexikon kann dir helfen.

Kann das sein?
- In unsere Schule gehen 1000 Kinder.
- Pro Schulwoche macht ein Lehrer 1000 Kopien für seine Klasse.

Wie kannst du das überprüfen? Beschreibe, wie du vorgehst.

Tipp: Beim Zählen immer 5 bündeln.

Sammelt Gegenstände für eine Tausender-Ausstellung.

1 ICH + DU + WIR ▸ Können diese Aussagen stimmen? Begründet.

1000m zum Strand

Das Puzzle mit 1000 Teilen will ich schaffen!

1000 Teile

Auf meinem Geburtstag waren tausend Leute!

Tausendfüßler haben 1000 Füße.

2 ICH + DU + WIR ▸ Nehmt vier gleiche Gläser. Jedes Glas bekommt an der gleichen Stelle einen Füllstrich. Befüllt die Gläser mit diesen Gegenständen:

Füllstrich

Büroklammern   Holzperlen   1-Cent-Münzen   Muggelsteine

a) Schätze: Welches Glas enthält die meisten Teile?
b) Schätze: Welches Glas enthält die wenigsten Teile?
c) Wie viele Büroklammern, Perlen, Münzen und Muggelsteine sind jeweils im Glas? Schreibe deine Schätzungen auf.

3 Teilt euch in 4 Gruppen auf. Jede Gruppe wählt eines der Gläser und zählt genau.
a) Schreibe das genau gezählte Ergebnis neben deine Schätzung.
b) Wer hat am besten geschätzt? Wie kannst du das feststellen?

4 **Schätzglas der Woche**
- Stellt jede Woche ein Glas mit Gegenständen in der Klasse aus (z. B. Erbsen, Kaffeebohnen, Nudeln, Reis, …).
- Jedes Kind gibt seine Schätzung ab.
- Am Ende der Woche wird ausgezählt und der beste Schätzer gekürt.

Anzahlen schätzen, bestimmen und vergleichen

5 Schöne Türme! Untersuche jeweils die 1. Zahl, die 2. Zahl und das Ergebnis. Was entdeckst du? Setze fort.

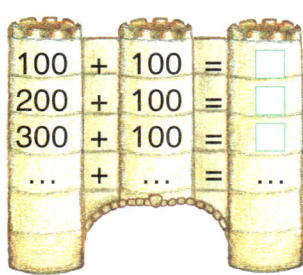

100	+	100	=	☐
200	+	100	=	☐
300	+	100	=	☐
…	+	…	=	…

100	+	200	=	☐
300	+	200	=	☐
500	+	200	=	☐
…	+	…	=	…

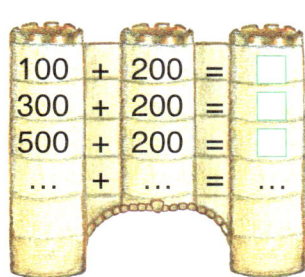

200	+	700	=	☐
400	+	500	=	☐
600	+	300	=	☐
…	+	…	=	…

Die 1. Zahl wird um ☐ größer, die 2. Zahl …

6 Mit großen Zahlen rechnen. Welchen Trick gibt es?

a)
200 + ☐ = 500
400 + ☐ = 700
600 + ☐ = 800
800 + ☐ = 1000

b)
100 + ☐ = 400
500 + ☐ = 700
600 + ☐ = 1000
800 + ☐ = 900

c)
100 + ☐ = 600
700 + ☐ = 1000
200 + ☐ = 600
400 + ☐ = 900

200 + ☐ = 500
2H + ☐ H = 5H

7 Schöne Türme! Untersuche sie und setze fort.

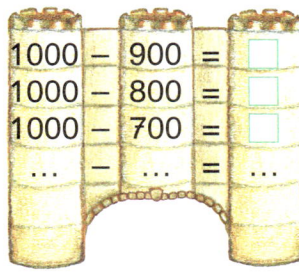

1000	−	900	=	☐
1000	−	800	=	☐
1000	−	700	=	☐
…	−	…	=	…

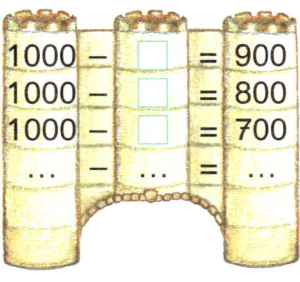

1000	−	☐	=	900
1000	−	☐	=	800
1000	−	☐	=	700
…	−	…	=	…

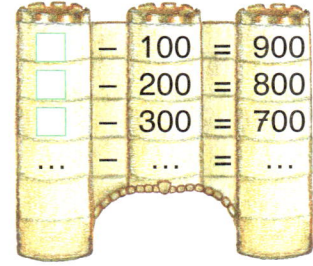

☐	−	100	=	900
☐	−	200	=	800
☐	−	300	=	700
…	−	…	=	…

Erfinde ähnliche Rechentürme für „Unser Mathebuch".

8 a)
200 + 300 + 100
400 + 200 + 300
100 + 400 + 200
600 + 100 + 300

b)
1000 − 800 − 100
1000 − 700 − 200
1000 − 600 − 400
1000 − 500 − 200

c)
300 + 500 − 200
900 − 400 + 100
600 + 400 − 800
700 − 200 + 500

Immer 1000!
Wer findet die meisten Aufgaben? Ihr habt 3 Minuten Zeit.

9 Christian, Antonia und Franzi zählen ihre Schätzgläser aus. Christian hat 500 Reiskörner, Antonia hat 400 weniger als Christian und Franzi hat 300 mehr als Antonia.
F: Wie viele Reiskörner haben die Kinder zusammen?

Das Tausender-Leporello

1	2	3	4	5	6	7	8	9	10	101	102	103	104	105	106	107	108	109	110	201	202	203	204	205	206	207	208	209	210	301	302	303	304	305	306	307	308	309	310	401	402	403	404	405	406	407	408	409	410
11	12	13	14	15	16	17	18	19	20	111	112	113	114	115	116	117	118	119	120	211	212	213	214	215	216	217	218	219	220	311	312	313	314	315	316	317	318	319	320	411	412	413	414	415	416	417	418	419	420
21	22	23	24	25	26	27	28	29	30	121	122	123	124	125	126	127	128	129	130	221	222	223	224	225	226	227	228	229	230	321	322	323	324	325	326	327	328	329	330	421	422	423	424	425	426	427	428	429	430
31	32	33	34	35	36	37	38	39	40	131	132	133	134	135	136	137	138	139	140	231	232	233	234	235	236	237	238	239	240	331	332	333	334	335	336	337	338	339	340	431	432	433	434	435	436	437	438	439	440
41	42	43	44	45	46	47	48	49	50	141	142	143	144	145	146	147	148	149	150	241	242	243	244	245	246	247	248	249	250	341	342	343	344	345	346	347	348	349	350	441	442	443	444	445	446	447	448	449	450
51	52	53	54	55	56	57	58	59	60	151	152	153	154	155	156	157	158	159	160	251	252	253	254	255	256	257	258	259	260	351	352	353	354	355	356	357	358	359	360	451	452	453	454	455	456	457	458	459	460
61	62	63	64	65	66	67	68	69	70	161	162	163	164	165	166	167	168	169	170	261	262	263	264	265	266	267	268	269	270	361	362	363	364	365	366	367	368	369	370	461	462	463	464	465	466	467	468	469	470
71	72	73	74	75	76	77	78	79	80	171	172	173	174	175	176	177	178	179	180	271	272	273	274	275	276	277	278	279	280	371	372	373	374	375	376	377	378	379	380	471	472	473	474	475	476	477	478	479	480
81	82	83	84	85	86	87	88	89	90	181	182	183	184	185	186	187	188	189	190	281	282	283	284	285	286	287	288	289	290	381	382	383	384	385	386	387	388	389	390	481	482	483	484	485	486	487	488	489	490
91	92	93	94	95	96	97	98	99	100	191	192	193	194	195	196	197	198	199	200	291	292	293	294	295	296	297	298	299	300	391	392	393	394	395	396	397	398	399	400	491	492	493	494	495	496	497	498	499	500

⏱ Seite 31, Aufgaben 7 und 8   Hundertertafel

1 **ICH + DU + WIR** ▸ Schaut euch das Tausender-Leporello genau an. Wie viele glatte Hunderter seht ihr? Wo stehen sie? Beschreibt.

ICH + DU ▸ Nenne eine Zahl. Dein Partnerkind zeigt auf die Zahl im Tausender-Leporello.

2 Ergänze die Zahlenfolgen. Zeige die Zahlen im Leporello. Was fällt dir auf? Besprich dich mit deinem Partnerkind.
a) 20, 120, 220, 320, 420, … 920   b) 910, 810, 710, 610, … 110
c) 1, 101, 201, … 901   d) 354, 355, 356, 357, … 361
e) 895, 845, 795, … 45   f) 304, 315, 326, 337, … 370

110, 111, …

3 Zeige am Leporello Zahlen, die …
a) … an der Zehner- und an der Hunderterstelle eine 1 haben.
b) … an der Hunderter- und an der Einerstelle eine 3 haben.
c) … an der Hunderter-, Zehner- und Einerstelle die gleiche Ziffer haben.

4 Die Zahl 123 wird aus den Ziffern [1], [2] und [3] zusammengesetzt. Welche anderen Zahlen kannst du mit diesen Ziffern bilden? Ordne die Zahlen der Größe nach.

→ S. 136

5 Erkläre den Unterschied zwischen Zahl und Ziffer.

6 Zahlen-Detektive
(Spiel für 2 Kinder)
• Du brauchst: Ziffernkärtchen von 0 bis 9
• Ein Kind legt mit seinen Ziffernkärtchen eine Zahl. Beispiel: [1] [2] [5]
• Das andere Kind sucht die Zahl im Leporello und zeigt sie.
• Das Kind nennt die passende Hundertertafel, und beschreibt, wo die Zahl steht.
• Wechselt euch ab.

125 liegt in der 2. Hundertertafel, 3. Reihe, 5. Spalte.

Jede Zahl hat ihren festen Platz. 303, 403, 503, 603, … stehen in ihrer eigenen Hundertertafel an der gleichen Stelle.

501	502	503	504	505	506	507	508	509	510	601	602	603	604	605	606	607	608	609	610	701	702	703	704	705	706	707	708	709	710	801	802	803	804	805	806	807	808	809	810	901	902	903	904	905	906	907	908	909	910
511	512	513	514	515	516	517	518	519	520	611	612	613	614	615	616	617	618	619	620	711	712	713	714	715	716	717	718	719	720	811	812	813	814	815	816	817	818	819	820	911	912	913	914	915	916	917	918	919	920
521	522	523	524	525	526	527	528	529	530	621	622	623	624	625	626	627	628	629	630	721	722	723	724	725	726	727	728	729	730	821	822	823	824	825	826	827	828	829	830	921	922	923	924	925	926	927	928	929	930
531	532	533	534	535	536	537	538	539	540	631	632	633	634	635	636	637	638	639	640	731	732	733	734	735	736	737	738	739	740	831	832	833	834	835	836	837	838	839	840	931	932	933	934	935	936	937	938	939	940
541	542	543	544	545	546	547	548	549	550	641	642	643	644	645	646	647	648	649	650	741	742	743	744	745	746	747	748	749	750	841	842	843	844	845	846	847	848	849	850	941	942	943	944	945	946	947	948	949	950
551	552	553	554	555	556	557	558	559	560	651	652	653	654	655	656	657	658	659	660	751	752	753	754	755	756	757	758	759	760	851	852	853	854	855	856	857	853	859	860	951	952	953	954	955	956	957	958	959	960
561	562	563	564	565	566	567	568	569	570	661	662	663	664	665	666	667	668	669	670	761	762	763	764	765	766	767	768	769	770	861	862	863	864	865	866	867	868	869	870	961	962	963	964	965	966	967	968	969	970
571	572	573	574	575	576	577	578	579	580	671	672	673	674	675	676	677	678	679	680	771	772	773	774	775	776	777	778	779	780	871	872	873	874	875	876	877	878	879	880	971	972	973	974	975	976	977	978	979	980
581	582	583	584	585	586	587	588	589	590	681	682	683	684	685	686	687	688	689	690	781	782	783	784	785	786	787	788	789	790	881	882	883	884	885	886	887	888	889	890	981	982	983	984	985	986	987	988	989	990
591	592	593	594	595	596	597	598	599	600	691	692	693	694	695	696	697	698	699	700	791	792	793	794	795	796	797	798	799	800	891	892	893	894	895	896	897	898	899	900	991	992	993	994	995	996	997	998	999	1000

7 Welche beiden Zahlen stehen im Leporello ...
a) ... unter 613 , 877, 356, 739, 570?
b) ... über 544, 962, 682, 865, 1000?
c) ... links von 213, 655, 594, 720, 900?
d) ... rechts von 856, 788, 398, 101, 275?

613, 623, 633

8 Ausschnitte aus dem Tausender-Leporello! Ergänze.

a)

814

b)

986

c) 671

d)
434

803	804	805
813	814	815
823	824	825

9 Buchstaben im Tausender-Leporello. Ergänze.

a) 602
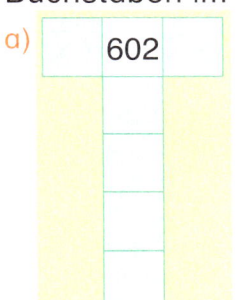

b)
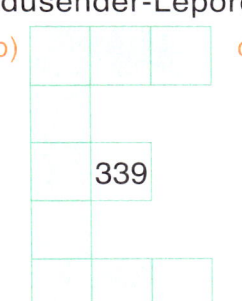
339

c)
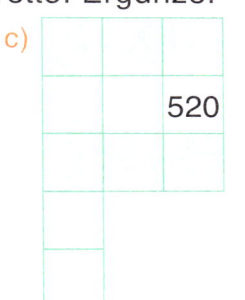
520

d)
434

601	602	603
	612	
	622	
	632	
	642	

Suche weitere Buchstaben im Leporello.

10

Meine Zahl liegt in der 3. Hundertertafel, 2. Reihe, 6. Kästchen.

Meine Zahl ist die 1. Zahl in der 4. Hundertertafel.

Meine Zahl ist die 3. Zahl in der 3. Reihe in der 8. Hundertertafel.

Meine Zahl ist die letzte Zahl in der 6. Hundertertafel.

Erfinde ähnliche Zahlenrätsel für „Unser Mathebuch".

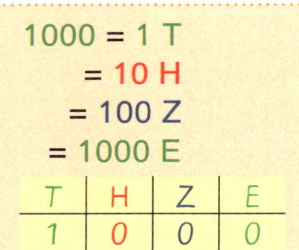

1000 = 1 T
= 10 H
= 100 Z
= 1000 E

T	H	Z	E
1	0	0	0

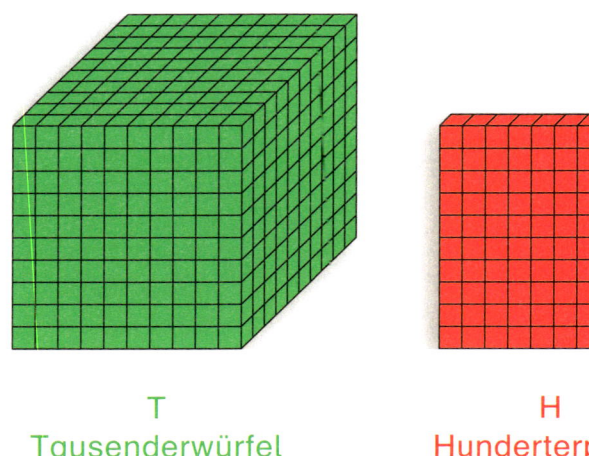
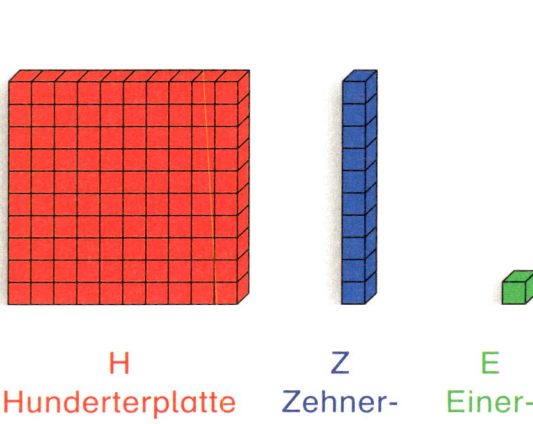

| | T | Tausenderwürfel | | H | Hunderterplatte | | Z | Zehner-stange | | E | Einer-würfel |

→ S. 136

	T	H	Z	E
a)		3	2	7
b)		1	0	4

Ich zeichne die Einer rund, das geht schneller.

1 Welche Zahl ist es?
Zeichne eine Stellenwerttabelle und schreibe die Zahl.
Denke auch an die Null.

a)   b)   c)

d)   e)

f)   g)

h)   i)

2 Zeichne die Zahlen.

a)	327	912	571	742	617	254
b)	4	40	400	404	440	444
c)	312	213	231	132	123	321

3 Zahlen hören
- Denk dir eine Zahl aus.
- Stampfe, klatsche und schnippe die Zahl.
- Dein Partnerkind hört zu und nennt die Zahl.
- Wechselt euch ab.

 Stampfen: H

 Klatschen: Z

 Schnippen: E

In jeder Zahl ist eine Stellenwert-tabelle versteckt.
327

H	Z	E
3	2	7

4 Lege die Zahlen mit deinen Zahlenkärtchen und schreibe.

a)
300	20	7
600	10	3
400	80	2
900	90	9
600	40	3

b)
200	40	1
700	4	60
30	800	2
7	40	900
3	200	70

c)
30	7	
60	1	500
700	40	
8	200	
500	30	

Ich lege die Zahl zuerst mit meinen Zahlenkärtchen.

ICH + DU Nenne eine Zahl. Dein Partnerkind legt sie mit den Zahlenkärtchen.

5 Lies die Zahlen von Aufgabe 4. Bewege deinen Kopf wie Andreas.

| 300 | 20 | 7 |

dreihundert   siebenund   zwanzig

6 Schreibe die Zahlen als Ziffern.

a) dreihundertsiebenundzwanzig   b) vierhundertzweiundachtzig
c) siebenhundertvierundsechzig   d) neunhundertneunundneunzig
e) zweihundertdreiundsiebzig   f) sechshundertdreiundvierzig
g) neunhunderteinundsechzig   h) neunhundertsiebenundvierzig
i) achthundertzweiunddreißig   j) zweihundertacht

→ S. 136

327

ICH + DU Nenne eine Zahl. Dein Partnerkind schreibt das Zahlwort.

7 Zeichne und schreibe. Achte auf die Reihenfolge.

a) 3H 4Z 2E   b) 5H 6Z 3E   c) 1H 7Z 1E   d) 8H 5Z 2E
e) 5H 3E 2Z   f) 5E 2Z 3H   g) 3Z 2E 5H   h) 2E 3H 5Z
i) 9H 2E 4Z   j) 5H 3Z 8E   k) 1Z 2H 0E   l) 3E 7H

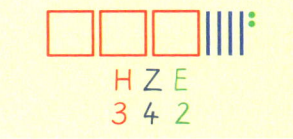

H Z E
3 4 2

8 a) 3H 7E 2Z   b) [image]   c) 300 20 7

d) [image]   e) 7E 2H 9Z   f) [image]

g) [image]   h) 4E 3H   i) 30 900 8

j) 700 3 20   k) [image]   l) 5H 9E 1Z

m) [image]   n) 3H 4E 5Z   o) 5 400

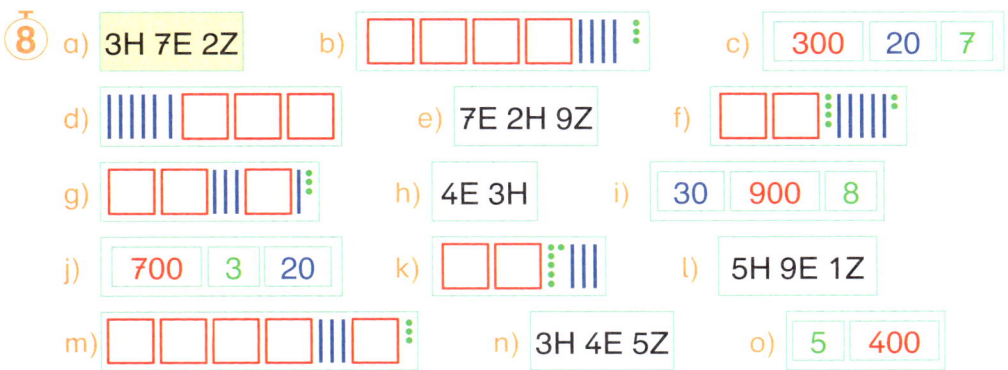

327

Zeichne und schreibe immer so: zuerst die **Hunderter**, dann die **Zehner**, zum Schluss die **Einer**.

Für bekomme ich 10.
Für bekomme ich 100.

⏱ Seite 37, Aufgabe 8   3H 7E 2Z

1 ICH + DU + WIR Erklärt die Wechselregeln.

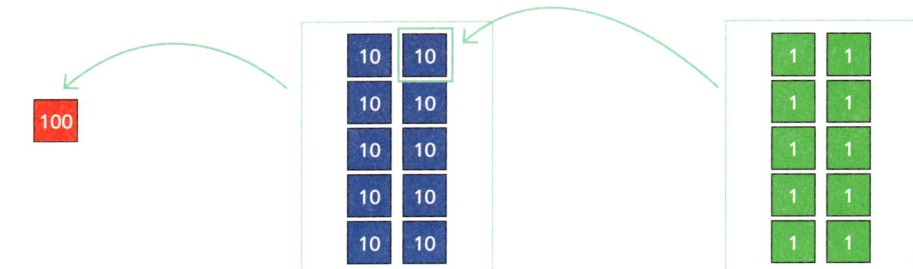

2 Verwende die Einer-, Zehner- und Hunderterkarten.
Lege und wechsle. Beginne immer mit den Einern.
Schreibe in eine Tabelle.

a)
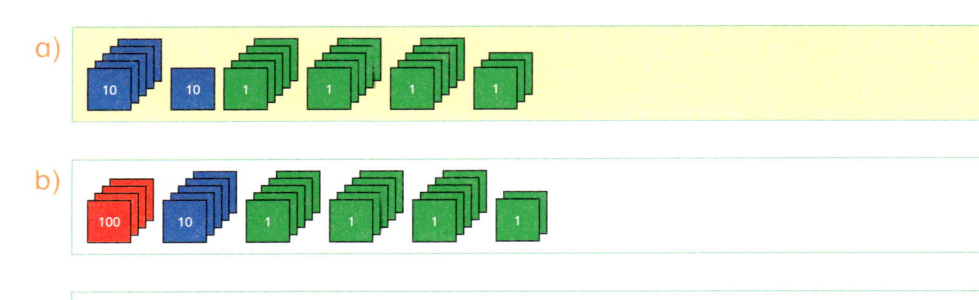

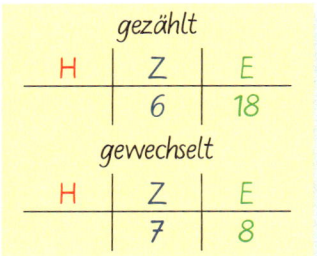

gezählt		
H	Z	E
	6	18

gewechselt		
H	Z	E
	7	8

b)
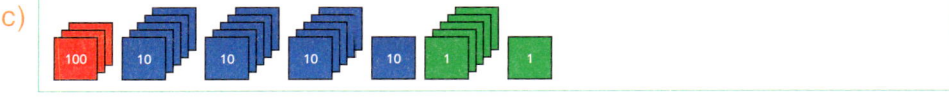

c)
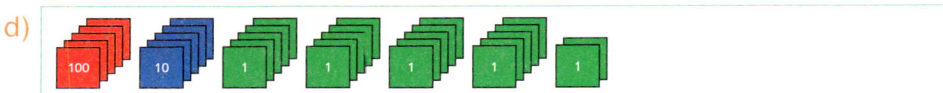

d)
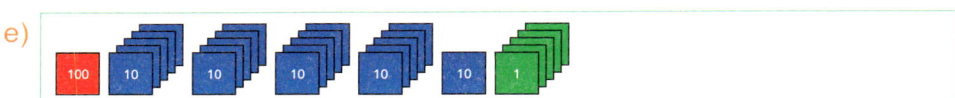

e)
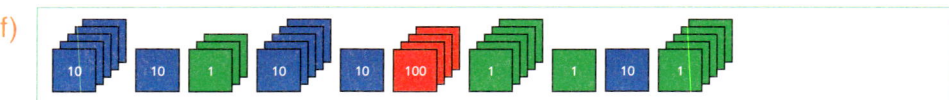

Da muss ich wohl erst noch Ordnung schaffen.

f)
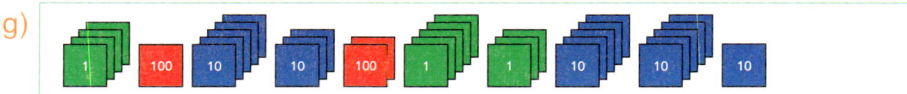

g)

h)
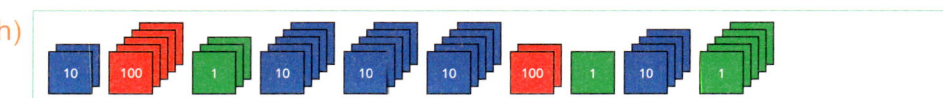

3 ICH + DU Lege eine Zahl mit Einer-, Zehner- und
Hunderterkarten. Dein Partnerkind wechselt und nennt die
Zahl.

Planvoll und systematisch die Struktur des Zehnersystems nutzen

4 Hier wechselst du E-Würfel, Z-Stangen und H-Platten.
Zeichne das Ergebnis und schreibe die Zahl.

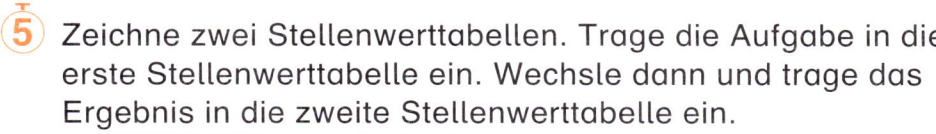

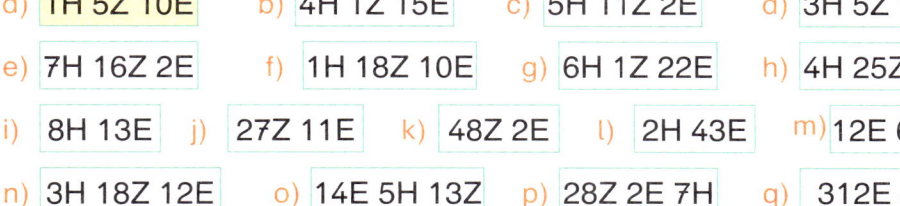

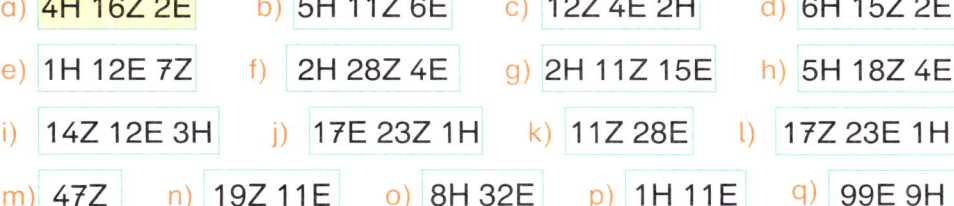

5 Zeichne zwei Stellenwerttabellen. Trage die Aufgabe in die
erste Stellenwerttabelle ein. Wechsle dann und trage das
Ergebnis in die zweite Stellenwerttabelle ein.

a) 1H 5Z 10E b) 4H 1Z 15E c) 5H 11Z 2E d) 3H 5Z 18E

e) 7H 16Z 2E f) 1H 18Z 10E g) 6H 1Z 22E h) 4H 25Z 6E

i) 8H 13E j) 27Z 11E k) 48Z 2E l) 2H 43E m) 12E 60Z

n) 3H 18Z 12E o) 14E 5H 13Z p) 28Z 2E 7H q) 312E 4H

6 Wechsle und schreibe Hunderter rot, Zehner blau, Einer grün.

a) 4H 16Z 2E b) 5H 11Z 6E c) 12Z 4E 2H d) 6H 15Z 2E

e) 1H 12E 7Z f) 2H 28Z 4E g) 2H 11Z 15E h) 5H 18Z 4E

i) 14Z 12E 3H j) 17E 23Z 1H k) 11Z 28E l) 17Z 23E 1H

m) 47Z n) 19Z 11E o) 8H 32E p) 1H 11E q) 99E 9H

7 Bibus Wechselspiel
- Du brauchst ■, ■, ■ und drei Würfel.
- Ein Kind ist der Spielleiter und
  verwaltet die Einer-, Zehner- und
  Hunderterkarten.
- Die anderen Kinder würfeln der
  Reihe nach.
- Die erste Würfelzahl steht für die E,
  die zweite für die Z und die dritte für die H.
- Der Spielleiter teilt entsprechend der gewürfelten Zahlen
  die Einer-, Zehner- und Hunderterkarten aus. Immer wenn
  du 10 oder mehr in einem Stellenwert hast, darfst du beim
  Spielleiter wechseln.
- Wer erreicht zuerst die 1000?

gezählt		
H	Z	E
1	5	10

gewechselt		
H	Z	E
1	6	0

562

Schreibe
ähnliche
Aufgaben
für „Unser
Mathebuch".

Wechseln
Immer beim Einer
beginnen:

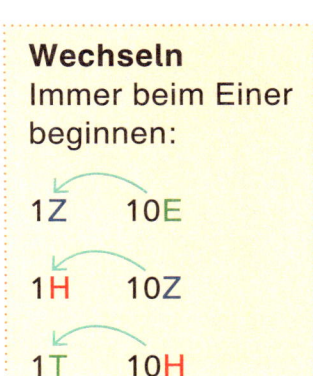

1Z → 10E

1H → 10Z

1T → 10H

Die Tausenderkette

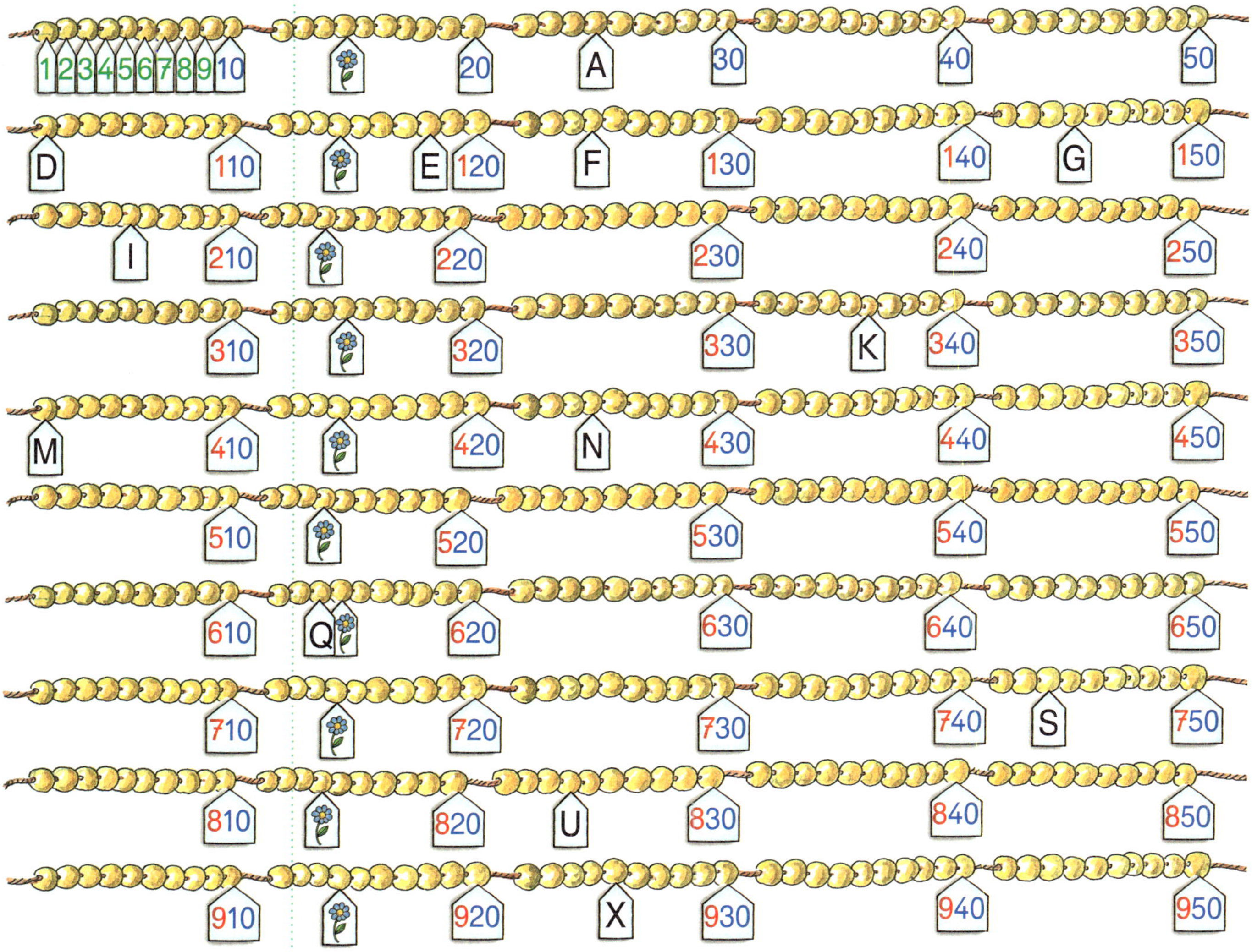

1 2 3 4 5 6 7 8 9 10   🌸   20   A   30   40   50

D   110   🌸   E 120   F   130   140   G   150

I   210   🌸   220   230   240   250

310   🌸   320   330   K   340   350

M   410   🌸   420   N   430   440   450

510   🌸   520   530   540   550

610   Q 🌸   620   630   640   650

710   🌸   720   730   740   S   750

810   🌸   820   U   830   840   850

910   🌸   920   X   930   940   950

Ich habe 1000 Perlen aufgefädelt. Leider passt die Kette nicht ganz ins Buch. Deshalb habe ich sie in 10 Teile zerschnitten.

1 **ICH + DU + WIR** Bibus Tausenderkette! Welche Besonderheiten entdeckt ihr? Beschreibt.

2 **ICH + DU** Zeigt auf die Zahlen in der Tausenderkette.

a) | 152 | 278 | 313 | 405 | 548 | 662 | 690 | 924 |
|---|---|---|---|---|---|---|---|

b) | 200 | 201 | 210 | 216 | 261 | 289 | 298 | 300 |
|---|---|---|---|---|---|---|---|

c) | 314 | 341 | 356 | 365 | 378 | 387 | 388 | 398 |
|---|---|---|---|---|---|---|---|

d) | 427 | 415 | 497 | 562 | 591 | 608 | 799 | 800 |
|---|---|---|---|---|---|---|---|

3 Ordne die Zahlen aus Aufgabe 2 der Größe nach. Beginne jeweils mit der kleinsten Zahl.

4 Wie geht es weiter?
a) 111, 222, 333, …
b) 128, 247, 366, …
c) 204, 305, 406, …
d) 123, 234, 345, …
e) 891, 782, 673, …
f) 191, 282, 373, …

Erfinde eigene Zahlenfolgen.

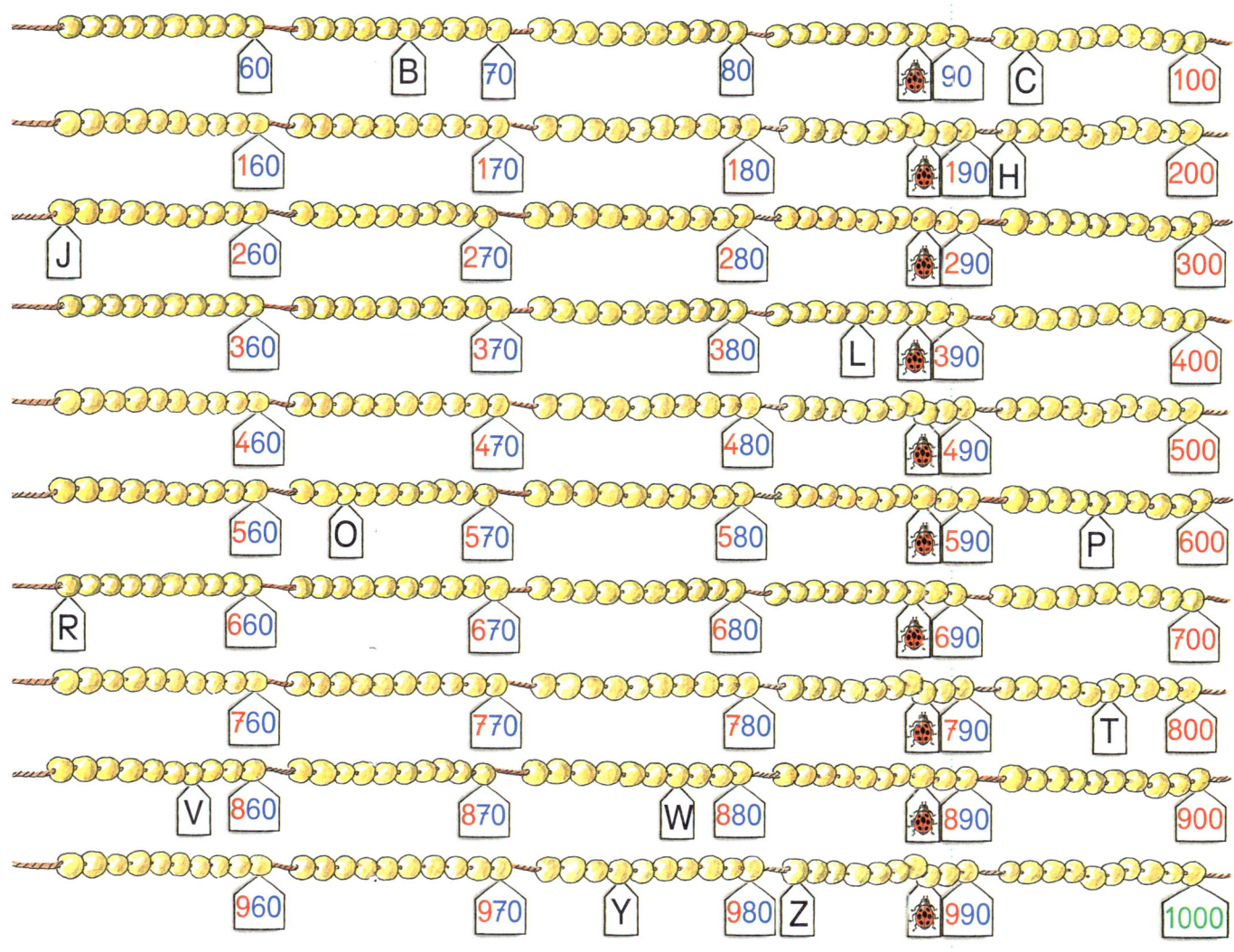

5 a) Auf welche Zahlen zeigen die Buchstabenpfeile? Schreibe.

b) Auf welche Zahlen zeigen die Blumen und die Käfer?
Was entdeckst du? Beschreibe.

6 Betrachte die 152 auf Bibus Kette.

a) Die Zahl da**vor** ist die 151: der Vorgänger-Einer.
Die Zahl da**nach** ist die 153: der Nachfolger-Einer.
Finde die Vorgänger-E und die Nachfolger-E zu den Zahlen
von Aufgabe 2 a) und d). Schreibe sie in eine Tabelle.

b) Der glatte Zehner davor ist 150: der Vorgänger-Zehner.
Der glatte Zehner danach ist 160: der Nachfolger-Zehner.
Finde die Vorgänger-Z und die Nachfolger-Z zu den Zahlen
von Aufgabe 2 a) und d). Schreibe sie in eine Tabelle.

c) Der glatte Hunderter davor ist 100: der Vorgänger-Hunderter.
Der glatte Hunderter danach ist 200: der
Nachfolger-Hunderter.
Finde die Vorgänger-H und die Nachfolger-H zu den Zahlen
von Aufgabe 2 a) und d). Schreibe sie in eine Tabelle.

Vorgänger-E	Zahl	Nachfolger-E
151	152	153

Vorgänger-Z	Zahl	Nachfolger-Z
150	152	160

immer 0E   immer 0E

Vorgänger-H	Zahl	Nachfolger-H
100	152	200

immer 0Z0E   immer 0Z0E

$623 < 624 < 632$

kleiner als

$385 > 359 > 358$

(1) Ordne. Beginne mit der kleinsten Zahl.

a) 624 623 632   b) 620 450 570   c) 255 286 280

d) 432 423 342 324 443 244 322 243 234

(2) Ordne. Beginne mit der größten Zahl.

a) 385 359 358   b) 709 790 970   c) 461 450 465

d) 956 965 957 579 759 695 596 569 765

Welche Zahlen passen?
- 329 + ☐ < 345
- 814 − ☐ > 799

Wie gehst du vor?

(3) Setze ein: < (6), > (4) oder = (2).

a) 213 ◯ 231
527 ◯ 537
898 ◯ 989

b) 601 ◯ 601
476 ◯ 467
354 ◯ 355

c) 729 ◯ 972
121 ◯ 112
563 ◯ 563

d) 690 ◯ 960
283 ◯ 282
417 ◯ 317

Finde viele Zahlenpaare.
- um 75 kleiner
- um 75 größer

Wie gehst du vor?

(4) Finde passende Zahlenpaare.

a) **um 20 kleiner**
31 < ☐
275 < ☐
404 < ☐

b) **um 35 größer**
85 > ☐
147 > ☐
534 > ☐

c) **um 115 kleiner**
7 < ☐
333 < ☐
885 < ☐

d) **um 140 größer**
172 > ☐
896 > ☐
425 > ☐

Wie gehst du vor? Besprich dich mit deinem Partnerkind.

(5) Bilde aus den 3 Ziffern immer 6 verschiedene Zahlen.
Ordne sie der Größe nach. Beginne mit der kleinsten Zahl.

a) 3 4 5   b) 2 3 9   c) 9 6 3   d) 5 0 9

e) 6 4 5   f) 6 3 1   g) 9 7 1   h) 6 0 7

(6) Schreibe zu den Zahlenfolgen 5 weitere Zahlen auf.
Das Tausender-Leporello auf den Seiten 40 und 41 hilft dir.

a) 114, 116, 118, …   b) 114, 214, 314, …   c) 220, 230, 240, …
d) 780, 680, 580, …   e) 450, 500, 550, …   f) 505, 515, 525, …

Suche dir 3 verschiedene Ziffern aus und bilde 6 verschiedene Zahlen. Ordne. Beginne mit der größten Zahl.

(7) Setze richtig ein: 814, 286, 328, 634, 355, 130

a) 335, 345, ☐, 365   b) 324, 326, ☐, 330   c) 128, ☐, 132, 134
d) 823, 820, 817, ☐   e) 290, 288, ☐, 284   f) 652, 643, ☐, 625

(8) Zahlenjagd
- Ein Kind ist Rechenmeister. Es denkt sich eine Zahl aus und schreibt sie auf einen Zettel.
- Die anderen Kinder raten.
- Der Rechenmeister sagt nur „kleiner" oder „größer".
- Wer die Zahl errät, ist der nächste Rechenmeister.

1 a) Jakob kauft für sich und seine beiden Geschwister 3 Malblöcke und 3 Packungen Buntstifte.
F: Wie viele Euro muss Jakob bezahlen?
b) Luisa zahlt für ihren Fahrradhelm die Hälfte.
F: Wie viele Euro muss Luisa zahlen?

Bearbeite immer eine Aufgabe. Wie konntest du sie lösen? Male im Heft passend dazu:

☺ ☺ ☹

2 Schreibe auf und ergänze.

a) 1T = ☐ Z   b) 1T = ☐ H   c) 1T = ☐ E

3 Ergänze die Nachbarzahlen.

a) 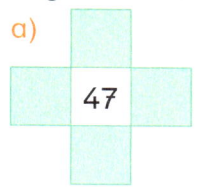 47

b) 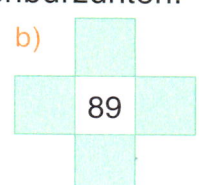 89

c) 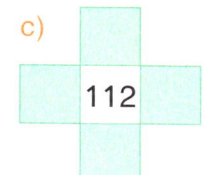 112

d) 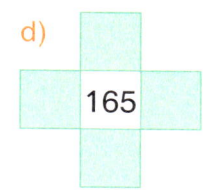 165

4 Rechne mit großen Zahlen. Denke an den Trick.

a) 300 + ☐ = 800
700 + ☐ = 900
400 + ☐ = 1000

b) 200 + 400 + 300 = ☐
700 − 600 + 500 = ☐
1000 − 700 + 400 = ☐

5 Ausschnitte aus dem Tausender-Leporello. Ergänze.

a) 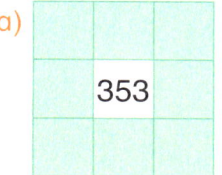 353

b) 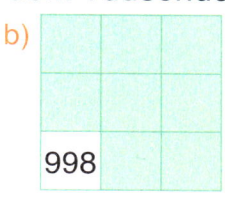 998

c) 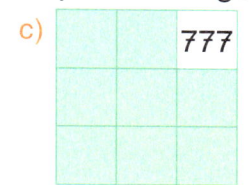 777

d)  523

6 Wechsle zuerst und schreibe dann die Zahl.

a) 2H 4Z 12E   b) 10E 5H 4Z   c) 38E 2H   d) 48E 12Z

7

Vorgänger-H	Vorgänger-Z	Zahl	Nachfolger-Z	Nachfolger-H
		149		
		285		
		303		
		990		

Alles fertig? Überprüfe mit Seite 44.

8 Ordne die Zahlen …

a) … von klein nach groß.

706   617   760   607

b) … von groß nach klein.

598   895   589   958

Mit diesen Aufgaben
kannst du üben:

→ S. 28/1, 4

1 a) Jakob kauft für sich und seine beiden
Geschwister 3 Malblöcke und
3 Packungen Buntstifte.
F: Wie viele Euro muss Jakob bezahlen?

R: 3 · 4 € = 12 €
3 · 6 € = 18 €
12 € + 18 € = 30 €
A: 30 € muss Jakob bezahlen.

b) Luisa zahlt für ihren Fahrradhelm die Hälfte. R: 30 € : 2 = 15 €
F: Wie viele Euro muss Luisa zahlen? A: 15 € muss Luisa zahlen.

→ S. 36/Randspalte

2 Schreibe auf und ergänze.

a) 1T = 100 Z   b) 1T = 10 H   c) 1T = 1000 E

3 Ergänze die Nachbarzahlen.

a)

	37	
46	**47**	48
	57	

b)

	79	
88	**89**	90
	99	

c)

	102	
111	**112**	113
	122	

d)

	155	
164	**165**	166
	175	

→ S. 31/7

4 Rechne mit großen Zahlen. Denke an den Trick.

a) 300 + 500 = 800
3H + 5H = 8H

700 + 200 = 900
7H + 2H = 9H

400 + 600 = 1000
4H + 6H = 10H

b) 200 + 400 + 300 = 900
2H + 4H + 3H = 9H

700 − 600 + 500 = 600
7H − 6H + 5H = 6H

1000 − 700 + 400 = 700
10H − 7H + 4H = 7H

→ S. 33/6, 8

5 Ausschnitte aus dem Tausender-Leporello. Ergänze.

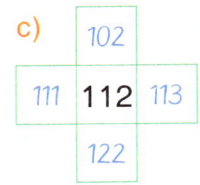

a)

342	343	344
352	**353**	354
362	363	364

b)

978	979	980
988	989	990
998	999	1000

c)

775	776	**777**
785	786	787
795	796	797

d)

511	512	513
521	522	**523**
531	532	533

→ S. 35/8

6 Wechsle zuerst und schreibe dann die Zahl.

a) 2H 4Z 12E
252

b) 10E 5H 4Z
550

c) 38E 2H
238

d) 48E 12Z
168

→ S. 39/5, 6

7

Vorgänger-H	Vorgänger-Z	Zahl	Nachfolger-Z	Nachfolger-H
100	140	**149**	150	200
200	280	**285**	290	300
300	300	**303**	310	400
900	980	**990**	1000	1000

→ S. 41/6

8 Ordne die Zahlen …

a) … von klein nach groß.

| 706 | 617 | 760 | 607 |

607, 617, 706, 760

b) … von groß nach klein.

| 598 | 895 | 589 | 958 |

958, 895, 598, 589

→ S. 42/1, 2

1 ICH + DU + WIR Untersucht die Aufgaben. Was fällt euch auf?

1 3 + 40 = 5 3 ⟶ 1 1 3 + 40 = 1 5 3

kleine Aufgabe   große Aufgabe

| 23 + 14 = ☐ | 24 + 58 = ☐ | 35 + 17 = ☐ |
| 123 + 14 = ☐ | 324 + 58 = ☐ | ☐ + ☐ = ☐ |

Untersuche jeweils die 1. Zahl, die 2. Zahl und das Ergebnis.

2 Schöne Türme! Rechne zu jedem Turm 7 weitere Aufgaben.

 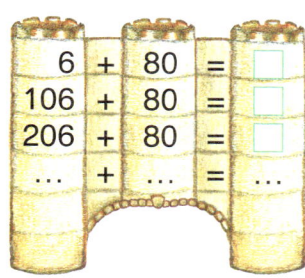

13 + 40 = 53
113 + 40 = 153
213 + 40 = ☐
… + … = …

6 + 80 = ☐
106 + 80 = ☐
206 + 80 = ☐
… + … = …

52 + 7 = ☐
152 + 7 = ☐
252 + 7 = ☐
… + … = …

3 Finde die kleine Aufgabe und rechne beide.

a) **426 + 43** b) 142 + 17 c) 548 + 27 d) 957 + 35
735 + 23   228 + 52   437 + 56   643 + 39
366 + 32   507 + 65   718 + 74   374 + 17

159, 280, 391, 398, 469, 493, 572, 575, 682, 758, 792, 992

426 + 43 = ☐
26 + 43 = ☐

4

| 68 − 45 = ☐ | 73 − 28 = ☐ | 58 − 24 = ☐ |
| 168 − 45 = ☐ | 473 − 28 = ☐ | ☐ − ☐ = ☐ |

5 Schöne Türme! Rechne zu jedem Turm 7 weitere Aufgaben.

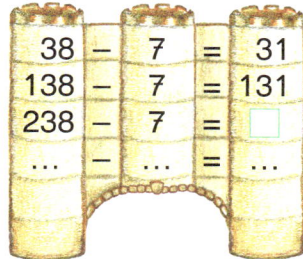 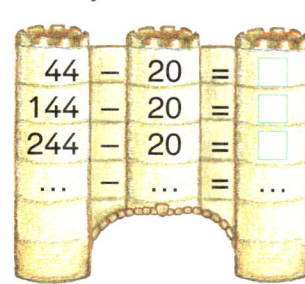 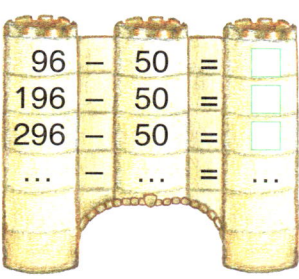

38 − 7 = 31
138 − 7 = 131
238 − 7 = ☐
… − … = …

44 − 20 = ☐
144 − 20 = ☐
244 − 20 = ☐
… − … = …

96 − 50 = ☐
196 − 50 = ☐
296 − 50 = ☐
… − … = …

Erfinde eigene Rechentürme mit ⊕ und ⊖.

6 Finde die kleine Aufgabe und rechne beide.

a) **788 − 24** b) 783 − 45 c) 231 − 19 d) 654 − 36
674 − 33   198 − 39   471 − 56   786 − 47
552 − 18   981 − 73   342 − 23   553 − 18

159, 212, 319, 415, 534, 535, 618, 641, 738, 739, 764, 908

788 − 24 = ☐
88 + 24 = ☐

Rechentrick!
Die kleine
Aufgabe hilft.

Über den Hunderter

Seite 39, Aufgabe 5 Wechseln E – Z – H

Dazuzählen heißt addieren. Eine Plusrechnung ist eine Addition.

→ S. 134

1

270 + 50 =

ICH + DU + WIR Wie rechnest du? Wie rechnen andere? Erklärt euch eure Tricks. Welcher Rechenweg gefällt dir am besten? Begründe.

2 So zeichnen und rechnen die Kinder. Erkläre.

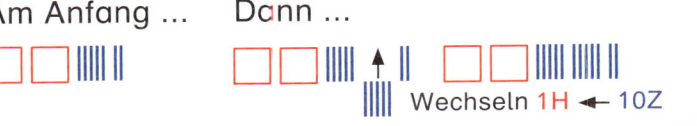

Am Anfang ...   Dann ...

Wechseln 1H ← 10Z

Am Ende ...

Leila

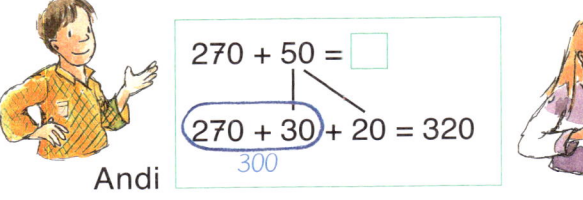

270 + 50 =
(270 + 30) + 20 = 320
         300

Andi

27 + 5 = 32
270 + 50 = 320

Steffi

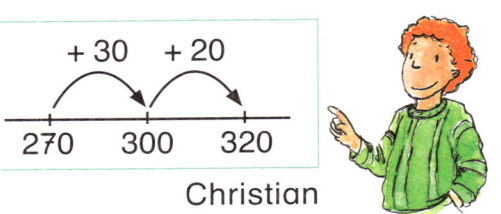

+ 30   + 20

270   300   320

Christian

70 + 50 = 120
200 + 120 = 320

Luisa

Valentin hat 290 € gespart. Zu seinem Geburtstag bekommt er 70 € geschenkt.
F: Wie viele Euro hat er jetzt?

3 Rechne auf deinem Weg.

a) 270 + 50
   270 + 52
   275 + 52
   275 + 152

b) 420 + 90
   420 + 93
   426 + 93
   426 + 293

c) 170 + 60
   170 + 65
   174 + 65
   174 + 365

d) 340 + 80
   340 + 81
   345 + 81
   345 + 481

Erfinde weitere (+) Treppen über den Hunderter.

+	30	34	134
180	210		
185			

4 a)

+	30	34	134
180			
185			

b)

+	70	72	172
740			
741			

c)

+	80	83	183
550			
555			

d)

+	7	70	700
182			
336			

e)

+	4	40	400
562			
357			

f)

+	5	50	500
267			
155			

Suche dir eigene Zahlen aus und ergänze zum nächsten Hunderter.

5 a) 270 + ☐ = 300
   420 + ☐ = 500
   170 + ☐ = 200
   340 + ☐ = 400

b) 270 + ☐ = 600
   420 + ☐ = 800
   170 + ☐ = 400
   340 + ☐ = 500

c) 265 + ☐ = 600
   426 + ☐ = 800
   174 + ☐ = 500
   347 + ☐ = 900

F A 5

6

$270 - 90 = \square$

ICH + DU + WIR Wie rechnest du? Wie rechnen andere? Erklärt euch eure Tricks. Welcher Rechenweg gefällt dir am besten? Begründe.

Abziehen heißt *subtrahieren*. Eine Minusrechnung ist eine *Subtraktion*.

➜ S. 136

7 So zeichnen und rechnen die Kinder. Erkläre.

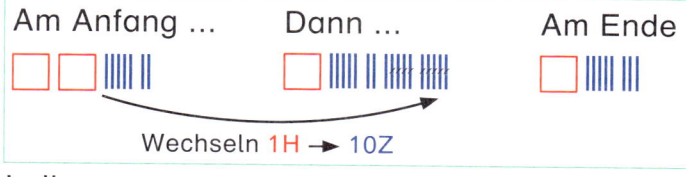

Am Anfang ...   Dann ...   Am Ende ...

Wechseln 1H ➜ 10Z

Leila

$27 - 9 = 18$
$270 - 90 = 180$

Steffi

$270 - 90 = \square$
$\underbrace{270 - 70}_{200} - 20 = 180$

Andi

$270 - 100 = 170$
$170 + \ 10 = 180$

Luisa

$-20 \qquad -70$
180   200   270

Christian

Max ist 140 cm groß. Seine kleine Schwester Mia ist 60 cm kleiner.
F: Wie groß ist Mia?

8 Rechne auf deinem Weg.

a) $270 - \ 80$
$272 - \ 80$
$272 - \ 81$
$272 - 181$

b) $310 - \ 40$
$315 - \ 40$
$315 - \ 43$
$315 - 243$

c) $420 - \ 50$
$428 - \ 50$
$428 - \ 57$
$428 - 357$

d) $680 - \ 90$
$687 - \ 90$
$687 - \ 94$
$687 - 494$

Erfinde weitere ⊖ Treppen über den Hunderter.

9

a)
–	60	62	162
530			
536			

b)
–	70	76	676
740			
748			

c)
–	90	93	293
450			
455			

d)
–	3	30	300
475			
687			

e)
–	5	50	500
737			
961			

f)
–	7	70	700
908			
865			

–	60	62	162
530	470		
536			

Zum Knobeln

1000
580   120
110

10

a) $300 - \square = 270$
$400 - \square = 310$
$500 - \square = 420$
$700 - \square = 680$

b) $500 - \square = 270$
$800 - \square = 310$
$900 - \square = 420$
$800 - \square = 680$

c) $500 - \square = 276$
$700 - \square = 318$
$900 - \square = 423$
$800 - \square = 685$

Rechenwege vergleichen und bewerten

1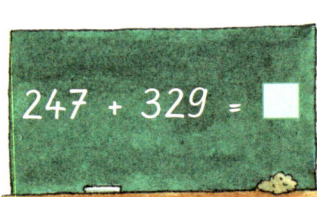
$247 + 329 = \square$

ICH + DU + WIR ▶ Wie rechnest du? Wie rechnen andere? Erklärt euch eure Tricks. Welcher Rechenweg gefällt dir am besten? Begründe.

2 So rechnen die Kinder. Erkläre.

Am Anfang ... Dann ... Am Ende ...

Wechseln 1Z ← 10E

Chris

Rechenstrich

Zahlen zerlegen

+ 9 ist fast + 10

Zehnernähe

$247 + 329 = \square$
$200 + 300 = 500$
$40 + 20 = 60$
$7 + 9 = 16$

Fine

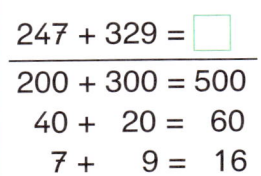 

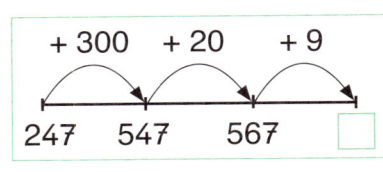
+ 300   + 20   + 9
247   547   567 $\square$

Leila

+ 330
− 1
247    $\square$ 577

Samuel

$247 + 329 = \square$
$(250 + 329) − 3 = \square$
579

Sara

3 **ICH + DU + WIR** ▶ $796 − 349 = \square$ Wie rechnest du? Wie rechnen andere? Erklärt euch eure Tricks. Welcher Rechenweg gefällt dir am besten? Begründe.

Erfinde weitere ⊕ und ⊖ Aufgaben.

4 Rechne auf deinem Weg.

a) $176 + 19$
$434 + 84$
$97 + 246$

b) $163 + 318$
$251 + 476$
$582 + 244$

c) $257 − 38$
$829 − 31$
$564 − 59$

d) $381 − 124$
$659 − 473$
$906 − 725$

181, 186, 195, 219, 257, 343, 481, 505, 518, 727, 798, 826

5 Rechne. Erkläre deinem Partnerkind den Rechentrick.

a) $599 + 1$
$599 + 11$
$599 + 111$

b) $487 + 4$
$487 + 44$
$487 + 444$

c) $389 + 3$
$389 + 33$
$389 + 333$

d) $276 + 5$
$276 + 55$
$276 + 555$

e) $891 − 7$
$891 − 77$
$891 − 777$

f) $311 − 2$
$311 − 22$
$311 − 222$

g) $742 − 5$
$742 − 55$
$742 − 555$

h) $854 − 6$
$854 − 66$
$854 − 666$

Erfinde ähnliche Aufgabentreppen mit ⊕ und ⊖.

6 Rechne. Schau die Zahlen ganz genau an.

a) 261 − 145
461 − 245
761 − 355
971 − 555

b) 476 + 57
576 + 257
576 + 367
276 + 577

c) 825 − 186
825 − 286
825 − 296
215 − 176

d) 154 + 267
154 + 377
174 + 247
374 + 437

7 Ellenlange Rechenschlagen: Rechne mit dem Ergebnis weiter.

a)

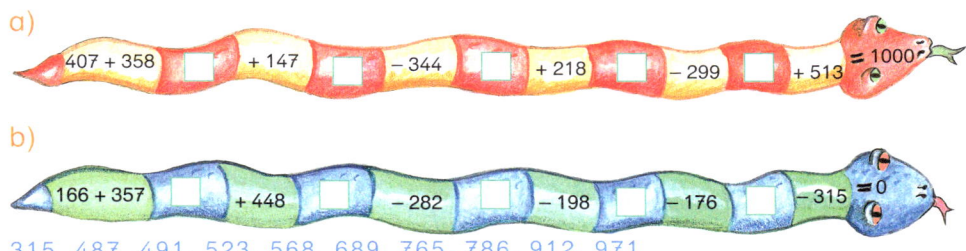
407 + 358 [ ] + 147 [ ] − 344 [ ] + 218 [ ] − 299 [ ] + 513 [ ] = 1000

b)
166 + 357 [ ] + 448 [ ] − 282 [ ] − 198 [ ] − 176 [ ] − 315 [ ] = 0

315, 487, 491, 523, 568, 689, 765, 786, 912, 971

407 + 358 = 765
765 + 147 = [ ]

Erfinde eine ellenlange Rechenschlange mit der Kopfzahl 999.

Erfinde eine eigene Rechengeschichte.

8 Für das Tierheim haben die Kinder aller 3. Klassen der Rechenbergschule 274 € gespendet. Die 3a und die 3b haben zusammen 186 € gespendet.

a) F: Wie viele Euro hat die Klasse 3c gespendet?

b) Die 3a hat 78 € gespendet.
F: Wie viele Euro hat die 3b gespendet?

9 Wie heißt meine Zahl?

a) Subtrahiere von 859 die Zahl 372.

b) Addiere zu 216 zuerst 162 und dann 138.

c) Bilde aus den Ziffern ⬚3⬚, ⬚7⬚ und ⬚5⬚ die größte Zahl und subtrahiere die kleinste Zahl, die du aus diesen Ziffern bilden kannst.

d) Bilde die größte Zahl aus 3 verschiedenen Ziffern und subtrahiere die kleinste Zahl aus 3 verschiedenen Ziffern.

396, 487, 516, 885

| 0 | 1 | 2 | 3 | 4 |
| 5 | 6 | 7 | 8 | 9 |

10 Zahlenrätsel!

Wenn ich meine Zahl halbiere und vom Ergebnis 216 subtrahiere, erhalte ich 64.

Meine Zahl hat 2H, doppelt so viele Z und halb so viele E.

Wenn ich zu meiner Zahl das Doppelte von 135 addiere, erhalte ich 422.

Meine Zahl ist um 220 kleiner als die Hälfte von 800.

Erfinde ähnliche Zahlenrätsel für „Unser Mathebuch".

Malnehmen heißt *multiplizieren*. Eine *Malrechnung* ist eine *Multiplikation*.

→ S. 135

Seite 36, Aufgabe 1   Stellenwerttabelle

1 Was fällt dir auf? Notiere deine Entdeckungen. Ergänze die Sätze.

	H	Z	E
3 · 1 = 3			3
⋮			
3 · 10 = 30		3	0
‖‖‖			
3 · 100 = 300	3	0	0
☐☐☐			

Beim Multiplizieren mit 10 rücken alle Ziffern in der Stellenwerttabelle eine Stelle nach ☐.
Beim Multiplizieren mit 100 rücken alle Ziffern in der Stellenwerttabelle ☐ Stellen nach ☐.

2 Multipliziere, zeichne und trage in die Stellenwerttabelle ein.

a) 5 · 1   b) 8 · 1   c) 1 · 1   d) 4 · 1   e) 9 · 1
5 · 10   8 · 10   1 · 10   4 · 10   9 · 10
5 · 100   8 · 100   1 · 100   4 · 100   9 · 100

Überlege dir weitere Päckchen.

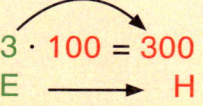

4 · 10 = ☐
6 · 10 = ☐

3

a) · 10
4	☐
6	☐
9	☐
7	☐
2	☐

b) · 10
40	☐
60	☐
90	☐
70	☐
20	☐

c) · 100
4	☐
6	☐
9	☐
7	☐
2	☐

d) · 100
☐	300
5	☐
☐	100
0	☐
☐	700

e) · 10
4	☐
☐	160
20	☐
☐	120
23	☐

Multiplizieren mit 10

3 · 10 = 30
E → Z
Aus Einern werden Zehner.

30 · 10 = 300
Z → H
Aus Zehnern werden Hunderter.

Multiplizieren mit 100

3 · 100 = 300
E → H
Aus Einern werden Hunderter.

4 Schöne Türme! Rechne immer fünf Aufgaben. Was fällt dir auf?

a) 14 · 10   b) 15 · 10   c) 2 · 100   d) 9 · 10   e) 32 · 10
24 · 10   20 · 10   4 · 100   18 · 10   37 · 10
34 · 10   25 · 10   6 · 100   27 · 10   42 · 10
…   …   …   …   …

5 Für das Faschingsfest an der Rechenbergschule werden 43 Schachteln mit Krapfen gekauft. In jeder Schachtel sind 10 Krapfen.
F: Wie viele Krapfen sind das?

6

Wenn ich meine Zahl mit 10 multipliziere, erhalte ich 320.

Meine Zahl ist 100-mal so groß wie der Unterschied zwischen 253 und 245.

Multiplizieren mit Zehnerzahlen

⏱ Seite 50, Aufgabe 3   Multiplizieren mit 10 und 100

1 Was fällt dir auf? Notiere deine Entdeckungen.

	H	Z	E
2 · 4 = 8			8
2 · 40 = 80		8	0
2 · 400 = 800	8	0	0

2 Multipliziere. Denke an die kleine Aufgabe.

a) **6 · 40** b) 3 · 90   c) 2 · 90   d) 3 · 60
7 · 80   6 · 50   8 · 60   7 · 40
5 · 20   9 · 70   9 · 50   4 · 30

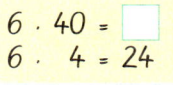

6 · 40 = ☐
6 · 4 = 24

3 Überprüfe mit der kleinen Aufgabe.

a) **20 · 6** b) 40 · 0   c) 60 · 7   d) 30 · 3
50 · 4   9 · 80   8 · 20   30 · 8
30 · 7   50 · 5   60 · 2   9 · 40

0, 90, 120, 120, 160, 200, 210, 240, 250, 360, 420, 720

20 · 6 = ☐
2 · 6 = 12

4 Rechne Multiplikationsaufgaben mit drei Zahlen.

a) **3, 7, 10** b) 8, 4, 10   c) 10, 9, 2   d) 6, 10, 7

e) 5, 4, 10   f) 9, 10, 7   g) 7, 10, 8   h) 10, 6, 4

3 · 7 · 10 = 210

5 Schreibe zu jeder Zahl mindestens vier Multiplikationsaufgaben.

| 480 | 630 | 720 | 160 | 120 | 180 | 140 | 560 | 240 | 350 |

480 = 6 · 80
480 = 80 · 6
480 = 8 · 60
480 = 60 · 8

6 Der Hausmeister der Rechenbergschule bestuhlt die Aula für das Kindertheater. Er bildet 9 Reihen mit je 20 Sitzplätzen.
F: Wie viele Zuschauer haben im Kindertheater Platz?

Suche dir drei Zahlen aus und rechne Multiplikationsaufgaben.

7 Alles mal 10
- Jedes Kind würfelt mit 2 Würfeln.
- Bilde aus den gewürfelten Ziffern eine Zahl.
  Entscheide selbst, welche Ziffer an der Z-Stelle und welche an der E-Stelle stehen soll.
- Multipliziere deine Zahl mit 10.
- Spielt drei Runden und addiert eure Ergebnisse.
- Wer kommt möglichst nahe an die 1000?

Teilen heißt *dividieren*. Eine Geteiltrechnung ist eine *Division*.

→ S. 134

Überlege dir weitere Päckchen.

700 : 10 = ☐
400 : 10 = ☐

1 Was fällt dir auf? Notiere deine Entdeckungen.

			H	Z	E
300 : 1 = 300, denn 300 · 1 = 300			3	0	0
300 : 10 = 30, denn 30 · 10 = 300				3	0
300 : 100 = 3, denn 3 · 100 = 300					3

2 Dividiere und trage in die Stellenwerttabelle ein.

a) 200 : 1
   200 : 10
   200 : 100

b) 500 : 1
   500 : 10
   500 : 100

c) 600 : 1
   …
   …

d) 800 : 1
   …
   …

3

a) : 10

700	☐
400	☐
300	☐
500	☐
100	☐

b) : 10

70	☐
40	☐
30	☐
50	☐
10	☐

c) : 100

700	☐
400	☐
300	☐
500	☐
100	☐

d) : 100

☐	2
1000	☐
☐	8
600	☐
☐	1

e) : 10

160	☐
☐	53
380	☐
☐	11
900	☐

4 Schöne Türme! Rechne immer fünf Aufgaben. Was fällt dir auf?

a) 200 : 100
   400 : 100
   600 : 100
   …

b) 250 : 10
   300 : 10
   350 : 10
   …

c) 420 : 10
   360 : 10
   300 : 10
   …

d) 630 : 10
   540 : 10
   490 : 10
   …

5 Wer hat am meisten gespart?

Luisa hat 90 10-Cent-Münzen.	Hannes hat 750 1-Cent-Münzen.	Marie hat 10 50-Cent-Münzen.	Igor hat 10 Euro.

6 Schulhefte werden verpackt, immer 10 Stück gehören in eine Packung. Wie viele Zehnerpäckchen ergeben …

a) … 250 Hefte?   b) … 390 Hefte?   c) … 40 Hefte?
d) … 120 Hefte?   e) … 1000 Hefte?

7

Wenn ich meine Zahl mit 100 multipliziere, erhalte ich 800.

Das 10-fache meiner Zahl ist 450.

Dividieren durch 10

30 : 10 = 3
Z ⟶ E
Aus Zehnern werden Einer.

300 : 10 = 30
H ⟶ Z
Aus Hundertern werden Zehner.

Dividieren durch 100

300 : 100 = 3
H ⟶ E
Aus Hundertern werden Einer.

3000 : 100 = 30
T ⟶ Z
Aus Tausendern werden Zehner.

Dividieren durch Zehnerzahlen

1 Was fällt dir auf? Notiere deine Entdeckungen.

H	Z	E
4	0	0
	4	0
		4

800 : 2 = ☐, denn ☐ · 2 = 800

800 : 20 = ☐, denn ☐ · 20 = 800

800 : 200 = ☐, denn ☐ · 200 = 800

2 Dividiere und trage in die Stellenwerttabelle ein.

a) 600 : 3
   600 : 30
   600 : 300

b) 800 : 4
   800 : 40
   800 : 400

c) 900 : 3
   900 : 30
   900 : 300

d) 1000 : 5
   1000 : 50
   1000 : 500

Überlege dir weitere Päckchen.

3 Dividiere. Was fällt dir auf? Erkläre.

a)
28 : 4 = ☐
280 : 4 = ☐
280 : 40 = ☐
283 : 40 = ☐ R ☐

b)
36 : 9 = ☐
360 : 9 = ☐
360 : 90 = ☐
366 : 90 = ☐ R ☐

c)
45 : 5 = ☐
450 : 5 = ☐
450 : 50 = ☐
458 : 50 = ☐ R ☐

4 Dividiere. Denke an die kleine Aufgabe.

a) 640 : 80
   900 : 300
   600 : 200
   270 : 30

b) 210 : 3
   400 : 20
   1000 : 50
   630 : 7

c) 560 : 7
   360 : 6
   600 : 30
   800 : 80

d) 182 : 20 = ☐ R ☐
   285 : 40 = ☐ R ☐
   726 : 80 = ☐ R ☐
   495 : 70 = ☐ R ☐

640 : 80 = ☐
64 : 8 = 8

5 Dividiere. Was fällt dir auf? Erkläre.

a)
☐ : 2 = 9
36 : ☐ = 9
180 : ☐ = 9
360 : ☐ = 9

b)
☐ : 3 = 5
30 : 6 = ☐
150 : ☐ = 5
300 : 60 = ☐

c)
☐ : 5 = 7
70 : ☐ = 7
☐ : 50 = 7
700 : ☐ = 7

d)
☐ : 4 = 6
48 : 8 = ☐
240 : 40 = ☐
☐ : 80 = 6

6 Dividiere und mache die Probe (P).

a)
82 : 9 = ☐ R ☐
820 : 90 = ☐ R ☐
45 : 6 = ☐ R ☐
450 : 60 = ☐ R ☐

b)
27 : 5 = ☐ R ☐
270 : 50 = ☐ R ☐
33 : 8 = ☐ R ☐
330 : 80 = ☐ R ☐

c)
39 : 9 = ☐ R ☐
390 : 90 = ☐ R ☐
17 : 2 = ☐ R ☐
170 : 20 = ☐ R ☐

82 : 9 = 9 R 1
P: (9 · 9) + 1 = 82
    81

7 Zum Basteln besorgt der Lehrer 350 Holzperlen. In jeder Tüte sind 50 Perlen.
F: Wie viele Tüten hat der Lehrer besorgt?

10 Euro, 85 Cent

10,85 €

1 Wie viel Geld ist das?

Euro **,** Cent

2 Ergänze richtig.

10,85 €

Die Zahl vor dem Komma sagt, wie viele   es kostet.

Die Zahl nach dem Komma sagt, wie viele   es kostet.

10 € 95 ct = 10,95 €

ICH + DU

Schreibe einen Geldbetrag mit € und ct. Dein Partnerkind schreibt den Geldbetrag mit Komma.

3 Schreibe die Geldbeträge mit Komma. Ordne sie der Größe nach.

a)	b)	c)	d)
10 € 95 ct	47 € 8 ct	20 € 20 ct	0 € 98 ct
54 € 70 ct	5 € 65 ct	46 ct	25 € 3 ct
99 €	28 € 59 ct	0 € 5 ct	17 € 4 ct
1 € 98 ct	61 € 90 ct	77 € 7 ct	2 ct

4 Wandle um.

€ und ct	3 € 40 ct			4 € 13 ct			
€		4,05 €					3 €
ct			210 ct		30 ct	3 ct	

5 Du zahlst mit 1 €. Wie viel Rückgeld bekommst du?

0,18 € = 18 ct

100 ct – 18 ct = ☐ ct

a)	b)	c)	d)
0,18 €	0,65 €	0,35 €	0,08 €
0,75 €	0,49 €	0,89 €	0,09 €
0,98 €	0,85 €	0,24 €	0,07 €
0,57 €	0,45 €	0,79 €	0,05 €

6 Du zahlst mit 20 €. Wie viel Rückgeld bekommst du?

a)	b)	c)	d)
11,28 €	4,07 €	1,13 €	0,43 €
13,04 €	6,99 €	10,54 €	1,02 €
19,99 €	8,09 €	9,77 €	0,99 €
12,50 €	9,99 €	4,01 €	8,41 €

0,37 € + 2 € + ...

Vor dem Komma	Nach dem Komma
Euro €	**Cent ct**
10,85 €	

Das Komma trennt Euro und Cent.

7 Die Kinder zählen ihr Geld. Wie viel Euro hat jedes Kind?

a) Andi hat 37 ct, 2 €, 50 ct und einen 10-€-Schein.

b) Lisa hat 4 ct, 17 ct, 20 ct, 15 € und zwei 50-ct-Münzen.

c) Emil hat 4 €, 14 ct, fünf 5-ct-Münzen und einen 10-€-Schein.

d) Christian hat zwei 5-€-Scheine, vier 20-ct-Münzen, 8 ct, 3 € und zwei 2-€-Münzen.

8 Alexander hat einen Geldschein und eine Münze. Insgesamt hat er weniger als 11 €. Wie viel Geld kann er haben?

Suppe: 2,20 €
Belegte Semmel: 1,50 €
Lasagne: 4,95 €
Gemüsepfanne: 3,95 €
Salat: 2,50 €
Fruchtspieß: 1,30 €
Obstquark: 1,35 €
Jedes Getränk (Tee, Mineralwasser, Milch): 99 ct

Fotos entwickeln	
Größe	Preise
10 x 15 cm (ab 10 Bildern)	0,27 € (0,23 €)
13 x 18 cm	0,39 €
15 x 20 cm	0,49 €
20 x 30 cm	2,95 €

1 Steffi, Leila, Emil und Andi gehen in das Kinderlokal „Frutti" und bestellen.
a) Steffi nimmt eine Gemüsepfanne, einen Salat und ein Mineralwasser.
F: Wie viel muss Steffi bezahlen?
b) Leila zahlt für einen Tee und ihr Essen 3,19 €.
F: Was hat sie sich zu essen gekauft?
c) Emil zahlt mit einem 5-€-Schein und einer 2-€-Münze. Er bekommt 1,06 € zurück.
F1: Wie viel kostet sein Essen mit einem Getränk?
F2: Was hat er sich zu essen gekauft?
d) Luisa kauft sich eine belegte Semmel, einen Fruchtspieß und eine Milch. Sie zahlt mit einem 10-€-Schein und bekommt 5,21 € zurück. Kann das stimmen? Begründe.
e) Andi hat 8 €. Was kann er sich kaufen?

2 Die Kinder erzählen von ihren Hobbys.
a) Luisa geht zweimal in der Woche ins Schwimmbad. Der Eintritt kostet 3,50 € für Kinder.
F1: Wie viele Euro zahlt Luisa in der Woche?
F2: Wie viele Euro zahlt Luisa im Monat?
b) Lukas geht einmal in der Woche zum Reiten. Die Stunde kostet 15 €.
F: Wie viele Euro kosten die Reitstunden im Monat?
c) Lukas muss den sechsten Teil der Reitstunden von seinem Taschengeld bezahlen.
F: Wie viele Euro muss er selber bezahlen?
d) Resul geht einmal in der Woche zum Fußballspielen. Im Sommer fährt er mit dem Fahrrad, von Oktober bis März fährt er mit dem Bus. Die einfache Fahrt kostet 80 ct.
F1: Wie viele Euro kostet die Busfahrt in der Woche?
F2: Wie viele Euro kostet die Busfahrt im Monat?
e) Resul überlegt: „Es ist günstiger, wenn ich mir eine Jahreskarte für 45 € kaufe." Stimmt das? Begründe.

Max lässt seine Urlaubsbilder entwickeln. Er hat 9 Fotos in der Größe 10 x 15 cm, 3 Fotos in der Größe 15 x 20 cm und 1 Foto in der Größe 20 x 30 cm.
a) F: Wie viel muss Max für die Fotos bezahlen?
b) Wie viel hätte Max sparen können, wenn er statt 9 Fotos in der Größe 10 x 15 cm 10 Fotos entwickelt hätte? Warum ist das so?
... je mehr Bilder desto ...

Überlege dir eigene Aufgaben zur Preistabelle.

Welche Hobbys hast du? Was kostet dein Hobby
• in der Woche?
• im Monat?

Runden und überschlagen

S. 135

*Runden?
Eine runde
Sache.*

⏱ Seite 41, Aufgabe 6: Vorgänger und Nachfolger

1 a) **ICH + DU + WIR** Schaut euch die Zahlen 10 Sekunden lang an.

135	300	401	600	211	280	860	391	248	731	480	200	764	510

Welche Zahlen habt ihr euch gut gemerkt? Schreibt sie auf.

Das sind Steffis Zahlen. Was fällt euch auf?

510, 300, 600, 480, 860, 280

b) Rechne die Aufgaben. Manche Aufgaben sind leichter als andere. Erkläre, warum.

348 + 266	56 + 32	156 + 232	712 + 190
300 + 300	60 + 30	160 + 230	700 + 200

ICH + DU Nenne eine Zahl und den Stellenwert auf den gerundet werden soll. Dein Partnerkind rundet auf oder ab.

2 Welche Rundungsregel entdeckst du? Erkläre.

a)
21 22 23 24   25 26 27 28 29
20 ←————————   ————————————→ 30

Ich runde auf Zehner, ich achte auf die …

b)
211 225 234 246   253 267 275 288 291
200 ←————————   ————————————→ 300

Ich runde auf Hunderter, ich achte auf die …

*Tipp:
Male einen Punkt unter die Stelle, die dir sagt, ob du auf- oder abrunden musst.*

3 Runde auf oder ab.
a) Runde auf volle Zehner.
431, 435, 437, 723, 728, 615, 294, 891, 805, 113
b) Runde auf volle Hunderter.
356, 397, 450, 777, 985, 641, 250, 251, 119, 149

4 Mit welchen Zahlen könnte hier gerundet worden sein?
a) 20, 40, 70, 90   b) 150, 760, 410, 330
c) 290, 940, 630, 580   d) 800, 200, 400, 100

20: alle Zahlen zwischen 15 und 24

Runden
Ich runde auf **Z**, ich achte auf die **E**.
3**8**
Ich runde auf **H**, ich achte auf die **Z**.
1**4**2

5 Finde weitere Beispiele.

Runden und überschlagen wozu?

Habe ich genug Geld dabei?

Kann mein Ergebnis stimmen?

Stimmt das Wechselgeld?

6 Runde auf volle Zehner.

   a) **38**, 55, 42, 13, 47, 77, 51, 66, 92, 44, 83, 99 $38 \approx 40$

   b) 134, 325, 219, 155, 613, 439, 741

   c) 362, 228, 453, 884, 297, 446, 678

7 Runde auf volle Hunderter.

   a) **112**, 448, 627, 558, 391, 264, 301 $112 \approx 100$

   b) 687, 729, 912, 267, 837, 242, 596

   c) 310, 784, 193, 461, 522, 888, 737

8 328, 857, 636, 912, 223, 574, 579, 487, 989

Runde diese Zahlen …

   a) … auf volle Zehner.   b) … auf volle Hunderter.

→ S. 136

Überschlagen heißt: mit gerundeten Zahlen rechnen.

38 ist rund 40. 112 ist rund 100. Schreibe kurz: ≈

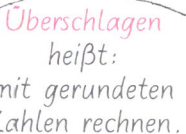

annähernd   zirka   etwa   rund   ungefähr   ca.

9 Achtung, Fehler (8)!

Finde die falschen Ergebnisse nur durch Überschlagen.

483 + 132 + 281 = 746	917 − 221 − 178 = 518
291 + 115 + 385 = 791	920 − 78 − 301 = 631
379 + 184 + 201 = 894	914 − 118 − 41 = 715
227 + 472 + 298 = 997	684 − 278 − 227 = 384
195 + 208 + 322 = 725	722 − 228 − 333 = 291
426 + 137 + 380 = 813	1000 − 433 − 278 = 199

500 + 100 + 300 = 900
746 kann nicht stimmen.

Erfinde ähnliche Fehleraufgaben für „Unser Mathebuch".

10 Runde auf volle Euro.

a)	b)	c)	d)
33,78 €	11,34 €	112,52 €	719,12 €
24,01 €	9,99 €	438,15 €	828,54 €
39,77 €	68,75 €	672,68 €	911,14 €
88,91 €	42,13 €	239,19 €	324,66 €
57,26 €	26,49 €	588,26 €	199,84 €

33,78 € ≈ 34,00 €
24,01 € ≈ 24,00 €

Das sind die Nullen vom Runden. Hier stehen sie hinter dem Komma.

11 Reicht das Geld? Überschlage.

		So viel kostet es:		
20 €	Malblock, Stifte, Buch	3,95 €	6,20 €	8,99 €
90 €	Sweatshirt, Jacke, Hose	21,95 €	35,95 €	28,32 €
100 €	Modellauto, Spielesammlung, Baukasten	34,95 €	26,30 €	42,56 €
900 €	Miete, Telefonrechnung, Stromrechnung	620,33 €	130,95 €	152,20 €

4 € + 6 € + 9 € = 19 €
20 € reichen.

Du hast 150 €. Was kannst du davon bezahlen? Überschlage zuerst. Finde viele Lösungen. Wie gehst du vor?

Frage und Antwort

1 ICH + DU + WIR ▸ Findet eine passende Frage zur Rechengeschichte.

Ich muss nur lesen: eine **Lesefrage**.

Ich muss rechnen: eine **Rechenfrage**.

2 Bauer Wollo hat 142 Schafe. 50 sind bereits geschoren.

A | F: Wie viele Schafe hat Bauer Wollo?

B | F: Wie viele Schafe sind geschoren?

C | F: Wie viele Lämmchen müssen noch geschoren werden?

D | F: Wie viele Schafe haben noch ihre Wolle?

a) Welche Fragen sind Lesefragen? Welche Frage ist eine Rechenfrage? Welche Frage kannst du nicht beantworten?
b) Rechne und beantworte die Rechenfrage.

3 Bäuerin Schur hat 173 Schafe. Sie verkauft 84 Stück.

A | F: Wie viele Schafe verkauft Bäuerin Schur?

B | F: Wie viele Schafe behält Bäuerin Schur?

C | F: Wie viele Schafe hat Bäuerin Schur?

D | F: Wie viele Mutterschafe hat Bäuerin Schur?

a) Welche Fragen sind Lesefragen? Welche Frage ist eine Rechenfrage? Welche Frage kannst du nicht beantworten?
b) Rechne und beantworte die Rechenfrage.

4 Bäuerin Resi verkauft Hühnereier auf dem Markt.
Am Anfang hat sie 164 Eier. Am Ende hat sie noch 27 Eier.
a) Finde eine passende Rechenfrage.
b) Rechne und antworte.

5 Erfinde eine eigene Rechengeschichte. Schreibe eine passende Rechenfrage. Rechne und antworte.

6 Bauer Gackstetter hat 348 Hühner.
Am Montag verkauft er 179 Hühner, am Dienstag 68,
am Mittwoch 23 und am Samstag 49.
F: Wie viele Hühner verkauft er insgesamt?

a) Lies die Antworten. Welche Antwort kann nur passen?
   Begründe.
   A1: 765 Hühner kauft er insgesamt.
   A2: 72 Hähnchen verkauft er insgesamt.
   A3: 348 Eier verkauft er insgesamt.
   A4: 319 Hühner verkauft er insgesamt.

b) Rechne und kontrolliere.

7 Bauer Salato verkauft Biogemüse.

Am Mittwoch verkauft er 18 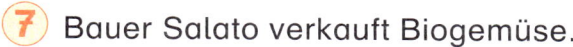 und 17 .

Am Donnerstag verkauft er 21  und 12  .

Am Freitag verkauft er 37  und 19 .

Am Samstag verkauft er 34  und 18 .

F: Wie viele Euro nimmt Bauer Salato insgesamt ein?

a) Nur eine Antwort passt. Begründe.
   A1: 55 € nimmt Bauer Salato insgesamt für den Salat ein.
   A2: 88 € nimmt Bauer Salato insgesamt ein.
   A3: 17,50 € nimmt Bauer Salato insgesamt am Mittwoch ein.
   A4: 176 Stück Gemüse verkauft Bauer Salato insgesamt.

b) Rechne und kontrolliere.

Salat
50 ct

Gurke
50 ct

Finde weitere
passende
Rechenfragen.

8 Im Stall sind 10 Tiere: Schafe und Gänse.
Zusammen haben sie 28 Beine.
F: Wie viele Schafe und wie viele Gänse sind
   im Stall?

a) Welche Antworten (3) passen? Begründe.
   A1: 5 Schafe und 5 Gänse sind im Stall.
   A2: 1 Schaf und 12 Gänse sind im Stall.
   A3: 20 Schafe und 6 Gänse sind im Stall.
   A4: 4 Schafe und 6 Gänse sind im Stall.
   A5: 2 Schafe und 10 Gänse sind im Stall.
   A6: 6 Schafe und 4 Gänse sind im Stall.

b) Rechne und kontrolliere.

*Eine Skizze kann
dir helfen.*

Die Frage führt
zur Antwort.

F: Wie viele Eier
verkauft Resi ?

A: ☐ Eier
verkauft Resi .

Aus dem
Fragezeichen
wird ein Punkt.

Sucht in der Zeitung oder im Internet nach Berichten mit gerundeten Zahlen.
An welchen Signalwörtern erkennt ihr, dass nicht die genauen Zahlen verwendet wurden?

Fröhliches Schulfest am Rechenberg

Das Schulfest war ein voller Erfolg. Fast 600 Besucher feierten mit den Schulkindern und Lehrkräften. Im Laufe des Nachmittags nahmen die Schülerinnen und Schüler mit ihren selbst gebastelten Sachen über 900 Euro ein.

Den stattlichen Betrag spenden sie für Kinder in Not. Gut zwei Stunden dauerten die Darbietungen. Sehr beliebt war der Rechentest – da kamen sogar einige Erwachsene ins Schwitzen.

Glückliche Gewinner: Leila und Andi waren die schnellsten Rechenkünstler.

Ich habe einen Fehler nicht gesehen, aber ich war blitzschnell.

1 Vergleiche die Zahlenangaben aus dem Zeitungsbericht mit den genauen Zahlen in der Tabelle.

	genaue Besucherzahlen	Einnahmen aus Bastelarbeiten
1. Klasse	154	110 €
2. Klasse	148	140 €
3. Klasse	145	290 €
4. Klasse	135	380 €

❁Programm❁
Begrüßung: 10min
Lieder: 20 min
Tänze: 25 min
Sketche: 25min
Theaterstück: 35min

a) Wie ist der Zeitungsreporter zu seinen Zahlen gekommen? Begründe. Rechne dann genau.

b) Wie viele Menschen waren insgesamt auf dem Schulfest, wenn in die Schule am Rechenberg 389 Kinder gehen und 15 Lehrerinnen und Lehrer mitmachten?

Ich war nicht so schnell, aber ich habe alles richtig.

2 Mach mit beim Mathetest!

Hurra! Ich hab's geschafft!

> ## Schulfest-Rechentest
> **Wer hat den richtigen Blick?**
>
> Hier sind 8 Aufgaben. Bei einigen stimmt das Ergebnis nicht. Überschlage: Welche Ergebnisse können nicht stimmen? Begründe.
>
> a) $394 + 224 + 288 = 906$
> b) $178 + 387 + 215 = 680$
> c) $829 - 374 - 213 = 342$
> d) $985 - 243 - 356 = 386$
>
> e) $175 + 586 - 366 = 295$
> f) $829 - 635 + 206 = 400$
> g) $228 + 296 - 398 = 226$
> h) $958 - 651 + 436 = 743$
>
> Falsch sind die Ergebnisse von ☐, ☐, ☐, ☐.

1 a)

251 + 37 = ☐
716 + 43 = ☐
574 + 16 = ☐
935 + 29 = ☐

b)

647 − 33 = ☐
395 − 64 = ☐
871 − 58 = ☐
453 − 17 = ☐

c)

184 + 415 = ☐
627 + 258 = ☐
335 + 396 = ☐
546 + 177 = ☐

d)

742 − 231 = ☐
584 − 376 = ☐
916 − 589 = ☐
257 − 168 = ☐

Bearbeite immer
eine Aufgabe.
Wie konntest du
sie lösen?
Male im Heft
passend dazu:

2 Wie heißen die Zahlen?

a) Addiere zu 456 die Hälfte von 236.

b) Multipliziere 7 mit dem 10-fachen von 8.

c) Subtrahiere von 931 das Doppelte von 288.

3 a)

3 · 10 = ☐
6 · 70 = ☐
8 · 100 = ☐
4 · 90 = ☐

b)

50 · 7 = ☐
20 · 8 = ☐
60 · 6 = ☐
90 · 9 = ☐

c)

600 : 10 = ☐
300 : 100 = ☐
720 : 80 = ☐
540 : 9 = ☐

d)

408 : 50 = ☐
542 : 60 = ☐
429 : 70 = ☐
636 : 90 = ☐

4

€ und ct	9 € 18 ct			2 € 30 ct	
€		4,09 €			0,75 ct
ct			780 ct		4 ct

5 Alexander hat 100 € zum Geburtstag bekommen. Er kauft sich davon einen Fahrradhelm für 62,65 €, Handschuhe für 11,15 € und eine Trinkflasche für 6,20 €.
a) F: Wie viele Euro kostet das zusammen?
b) F: Wie viele Euro bekommt Alexander zurück.

6 Überschlage zuerst, dann rechne.

a) 210 + 150 = ☐
311 + 250 = ☐
110 + 154 = ☐

b) 563 − 120 = ☐
843 − 150 = ☐
643 − 186 = ☐

c) 348 + 175 = ☐
282 − 194 = ☐
534 + 366 = ☐

Alles fertig? Überprüfe mit Seite 62.

7 Antonia geht mit ihren Eltern und ihren beiden Geschwistern am Wochenende ins Meeres-Aquarium. Ihre Mutter und ihr Vater zahlen für den Eintritt jeweils 16 €. Antonia und ihre Geschwister zahlen pro Eintrittskarte jeweils 3 € weniger. Finde die Rechenfrage. Rechne und antworte.
F1: Wie viele Euro kostet der Eintritt für einen Erwachsenen?
F2: Wie viele Euro kostet der Eintritt für die Familie insgesamt?
F3: Wie viele Besucher waren am Wochenende im Meeres-Aquarium?

AH Seite 32

Überprüfen und üben 3

Mit diesen Aufgaben
kannst du üben:

→ S. 45/3, 6
S. 49/6

1

a)
$251 + 37 = 288$
$716 + 43 = 759$
$574 + 16 = 590$
$935 + 29 = 964$

b)
$647 - 33 = 614$
$395 - 64 = 331$
$871 - 58 = 813$
$453 - 17 = 436$

c)
$184 + 415 = 599$
$627 + 258 = 885$
$335 + 396 = 731$
$546 + 177 = 723$

d)
$742 - 231 = 511$
$584 - 376 = 208$
$916 - 589 = 327$
$257 - 168 = 89$

→ S. 49/9, 10
S. 52/7

2 Wie heißen die Zahlen?

a) Addiere zu 456 die Hälfte von 236.

574

b) Multipliziere 7 mit dem 10-fachen von 8.

560

c) Subtrahiere von 931 das Doppelte von 288.

355

→ S. 50/3
S. 51/2, 3
S. 52/3
S. 53/4

3

a)
$3 \cdot 10 = 30$
$6 \cdot 70 = 420$
$8 \cdot 100 = 800$
$4 \cdot 90 = 360$

b)
$50 \cdot 7 = 350$
$20 \cdot 8 = 160$
$60 \cdot 6 = 360$
$90 \cdot 9 = 810$

c)
$600 : 10 = 60$
$300 : 100 = 3$
$720 : 80 = 9$
$540 : 9 = 60$

d)
$408 : 50 = 8 \, R \, 8$
$542 : 60 = 9 \, R \, 2$
$429 : 70 = 6 \, R \, 9$
$636 : 90 = 7 \, R \, 6$

4

€ und ct	9 € 18 ct	4 € 9 ct	7 € 80 ct	2 € 30 ct	0 € 75 ct	0 € 4 ct
€	9,18 €	4,09 €	7,80 €	2,30 €	0,75 ct	0,04 €
ct	918 ct	409 ct	780 ct	230 ct	75 ct	4 ct

→ S. 54/4

5 Alexander hat 100 € zum Geburtstag bekommen. Er kauft sich davon einen Fahrradhelm für 62,65 €, Handschuhe für 11,15 € und eine Trinkflasche für 6,20 €.

a) F: Wie viele Euro kostet das zusammen?
R: 62,65 € + 11,15 € + 6,20 € = 80 €   A: 80 € kostet das zusammen.

b) F: Wie viele Euro bekommt Alexander zurück.
R: 100 € – 80 € = 20 €   A: 20 € bekommt Alexander zurück.

→ S. 55/1, 2

6 Überschlage zuerst, dann rechne.

a)
Ü: 200 + 200 = 400
$210 + 150 = 360$
Ü: 300 + 300 = 600
$311 + 250 = 561$
Ü: 100 + 200 = 300
$110 + 154 = 264$

b)
Ü: 600 - 100 = 500
$563 - 120 = 443$
Ü: 800 - 200 = 600
$843 - 150 = 693$
Ü: 600 - 200 = 400
$643 - 186 = 457$

c)
Ü: 300 + 200 = 500
$348 + 175 = 523$
Ü: 300 - 200 = 100
$282 - 194 = 88$
Ü: 500 + 400 = 900
$534 + 366 = 900$

→ S. 57/9, 11

7 Antonia geht mit ihren Eltern und ihren beiden Geschwistern am Wochenende ins Meeres-Aquarium. Ihre Mutter und ihr Vater zahlen für den Eintritt jeweils 16 €. Antonia und ihre Geschwister zahlen pro Eintrittskarte jeweils 3 € weniger.
F2: Wie viele Euro kostet der Eintritt für die Familie insgesamt?

R: 16 € + 16 € = 32 €   16 € – 3 € = 13 €   13 € + 13 € + 13 € = 39 €
32 € + 39 € = 71 €

A: 71 € kostet der Eintritt für die Familie insgesamt.

→ S. 58/2, 3

1 ICH + DU + WIR ▶ Saras Familie macht einen Spielenachmittag. Sie haben drei Spiele ausgewählt: ein Brettspiel (B), ein Würfelspiel (W) und ein Kartenspiel (K). In welcher Reihenfolge können sie die Spiele spielen? Schreibt die Möglichkeiten übersichtlich auf. Wie geht ihr vor? Erklärt.

Welche Möglichkeiten hat die Familie, wenn sie bei drei Spielen auch mehrmals dasselbe Spiel spielen können?

2 So überlegen Sara und ihr Bruder Phillip. Erkläre und ergänze die Darstellungen. Wie viele verschiedene Möglichkeiten gibt es?

Zuerst das Brettspiel, dann das Würfelspiel, dann das Kartenspiel.

Ich zeichne ein Baumdiagramm.

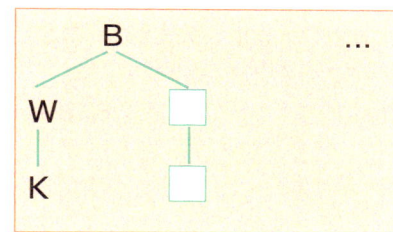

Saras Familie möchte auch noch ein Geschicklichkeitsspiel (G) spielen. Wie viele Möglichkeiten gibt es jetzt? Notiere wie in Aufgabe 2.

➜ S. 134

Was fällt dir auf, wenn du die Anzahl der Spiele und die Anzahl der verschiedenen Möglichkeiten vergleichst?

3 Für das Brettspiel stellt die Familie ihre Spielfiguren der Reihe nach am Startfeld auf. Welche und wie viele Farbkombinationen gibt es hierfür insgesamt?

4 7 gewinnt!
(Spiel für 2 Kinder)
- Würfelt abwechselnd mit drei Würfeln.
- Bei der Augensumme 7 bekommt ihr einen Strich und dürft noch einmal würfeln.
- Wer hat am Ende die meisten Striche?

Wie verändert sich die Anzahl der Möglichkeiten bei der …
- … Augensumme 8?
- … Augensumme 9?
- …

5 ICH + DU ▶ Überlegt euch: Welche und wie viele Möglichkeiten gibt es, beim Würfelspiel in Aufgabe 4 zu gewinnen? Wie geht ihr vor?

1

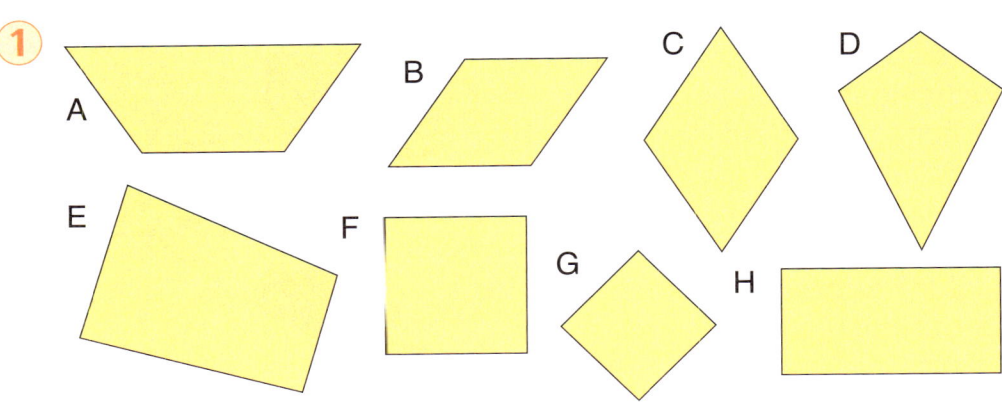

a) **ICH + DU + WIR** Betrachtet die Vierecke.
Überlegt: Wie könnt ihr sie ordnen?
b) Ordne die Flächenformen den folgenden Begriffen zu.
Viereck   Rechteck   Quadrat

Viereck: A, B, ...

2 a) Betrachte Viereck B und Viereck F von Aufgabe 1.
Beschreibe Gemeinsamkeiten und Unterschiede.
b) Ergänze: Alle Vierecke haben ☐ Ecken und ☐ Seiten.

Wähle weitere Vierecke aus und beschreibe Gemeinsamkeiten und Unterschiede.

3 Faltwinkel basteln
- Falte ein Stück Papier in der Mitte zusammen.
- Falte dieses Papier wieder, und zwar so, dass die gefalteten Kanten genau aufeinander liegen.
- Der Winkel zwischen den beiden Faltkanten ist ein rechter Winkel.
- Die beiden Faltlinien stehen senkrecht aufeinander.

→ S. 135

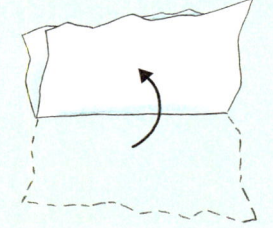 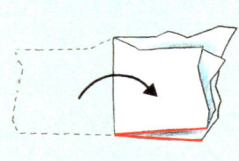 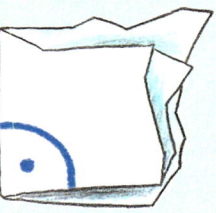

4 Überprüfe mit deinem Faltwinkel die Vierecke von Aufgabe 1.
Welche Vierecke haben ...
a) ... rechte Winkel (4)?   b) keine rechten Winkel (4)?

4 Ecken – 4 Winkel
Jedes Viereck hat 4 Ecken und deshalb auch 4 Winkel.
Wenn eine Linie **senkrecht** auf eine andere Linie trifft, entsteht ein **rechter Winkel**.

5 Rechtecke und Quadrate sind besondere Vierecke.
Warum? Schreibe deine Erklärung auf.

6 Suche rechte Winkel im Klassenzimmer.
Überprüfe mit deinem Faltwinkel.

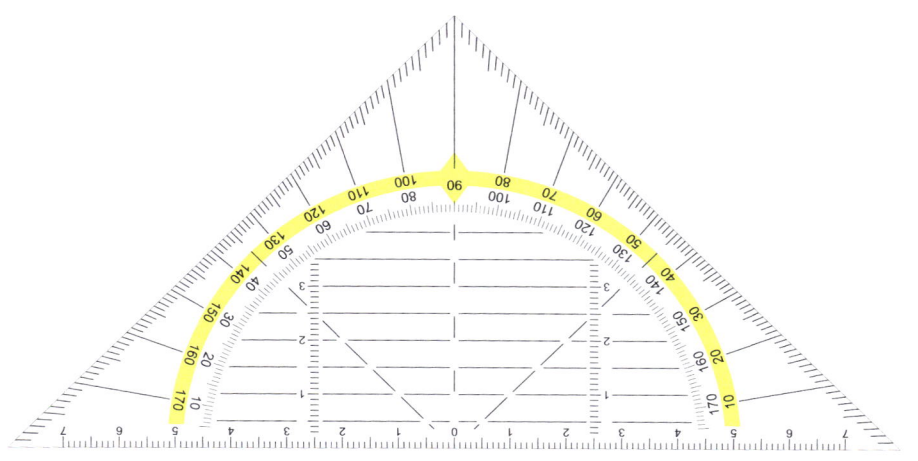

Mit dem Geodreieck kannst du gerade Linien zeichnen und rechte Winkel überprüfen.

1 a) **ICH + DU + WIR** Ein Geodreick! Welche Besonderheiten entdeckt ihr? Beschreibt.

b) Wo am Geodreieck könnt ihr rechte Winkel entdecken?

2 So kannst du rechte Winkel mit dem Geodreieck überprüfen. Es gibt zwei Möglichkeiten. Beschreibe.

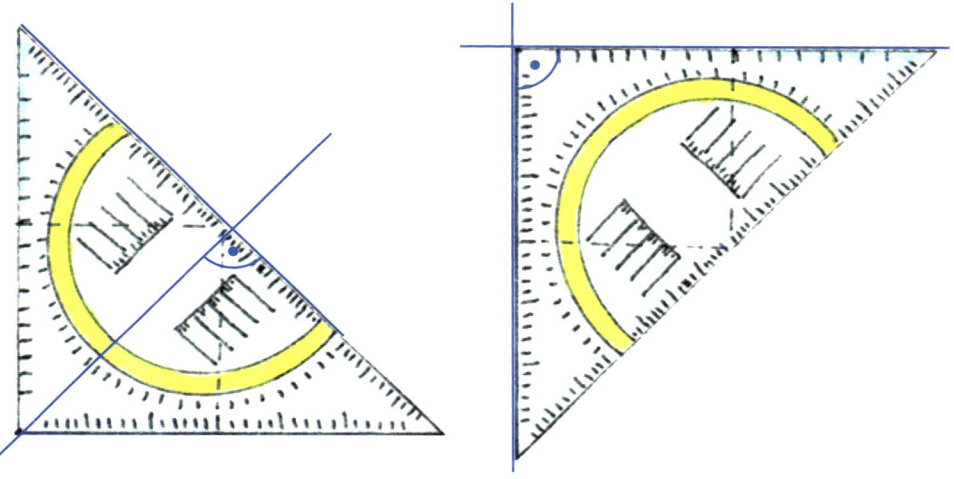

3 Wo sind rechte Winkel? Überprüfe mit dem Geodreieck.

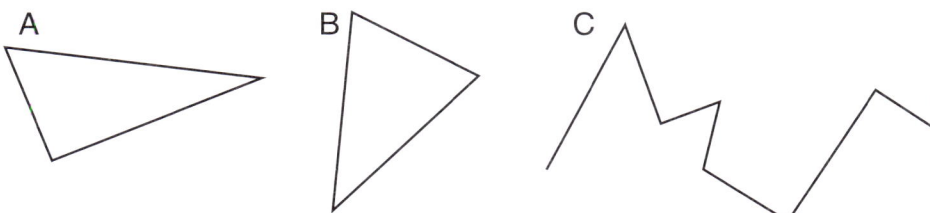

A   B   C

Erfinde und zeichne weitere Flächenformen mit rechten Winkeln.

4 Zeichne die Flächenformen von Seite 67, Aufgabe 3 in dein Heft. Überprüfe sie mit deinem Geodreieck auf rechte Winkel. Kennzeichne rechte Winkel so: ⌐•

Kennzeichne **rechte Winkel** so: ⌐•

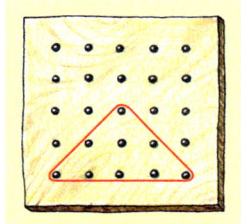

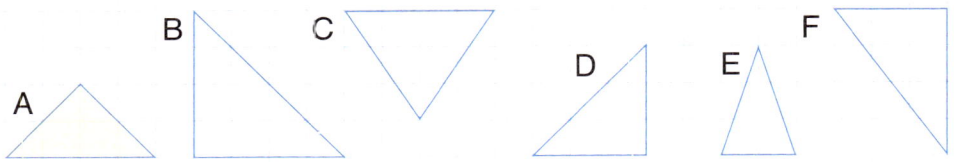

Seite 64, Aufgabe 4   Vierecke untersuchen

1 Dreiecke untersuchen!

A   B   C   D   E   F

a) Spanne die Dreiecke am Geobrett nach.
   Wo sind rechte Winkel? Überprüfe mit deinem Geodreieck.
b) Zeichne die Dreiecke in dein Heft.
   Kennzeichne die rechten Winkel.

Spanne weitere Dreiecke am Geobrett. Überprüfe auf rechte Winkel. Zeichne die Dreiecke in dein Heft.

2 Probiere am Geobrett: Kannst du ein Dreieck mit zwei rechten Winkeln spannen? Begründe schriftlich.

3 Vierecke untersuchen!

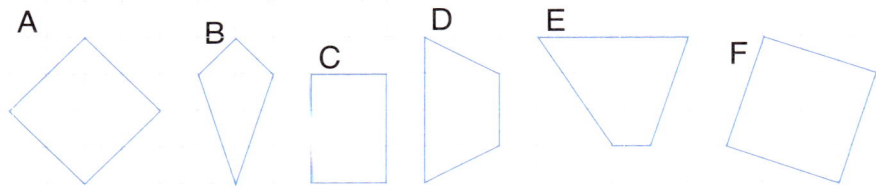

A   B   C   D   E   F

a) Spanne die Vierecke am Geobrett nach.
   Wo sind rechte Winkel? Überprüfe mit deinem Geodreieck.
b) Zeichne die Vierecke in dein Heft.
   Kennzeichne die rechten Winkel.

Spanne weitere Vierecke am Geobrett. Überprüfe auf rechte Winkel. Zeichne die Vierecke in dein Heft.

4 Spanne am Geobrett und überprüfe mit deinem Geodreieck.
   a) ein Viereck mit nur einem rechten Winkel
   b) ein Viereck mit vier rechten Winkeln
   c) ein Viereck mit keinem rechten Winkel

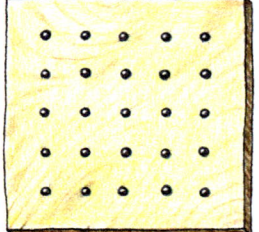

5 Zeichne die Vierecke von Aufgabe 4 a) und b) in dein Heft.
   Kennzeichne die rechten Winkel.

6 Probiere am Geobrett: Kannst du ein Viereck mit zwei oder drei rechten Winkeln spannen? Begründe schriftlich.

7 Betrachte die Vierecke von Seite 64, Aufgabe 1.
   Untersuche die Flächenformen mit deinem Geodreieck.
   Zähle und notiere Anzahl der rechten Winkel.

Das Viereck A hat keinen rechten Winkel. Das Viereck B hat ...

Den Begriff *rechter Winkel* bei der Beschreibung bestimmter Flächenformen verwenden

Das ist das Haus vom Ni-ko-laus. Acht Silben, acht Strecken.

1 **ICH** Zeichne das „Haus vom Ni-ko-laus" in einem Zug, das heißt, ohne die Bleistiftspitze vom Papier abzuheben. Du darfst jede Strecke nur einmal „abfahren". Probiere zuerst auf Schmierpapier.

DU Wie hat dein Partnerkind gezeichnet? Vergleicht.

WIR Überlegt: Wo müsst ihr anfangen, damit ihr das Haus in einem Zug zeichnen könnt? Entdeckt ihr eine Regel?

2 Welche Flächenformen hat das „Haus vom Ni-ko-laus"?
Wie viele Flächenformen sind es? Schreibe auf:

☐ Vierecke   ☐ Dreiecke   ☐ Fünfecke

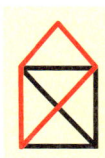

3 Bibu hat noch weitere Häuser gezeichnet. Zeichne die Formen in dein Heft ab. Welche Formen (4) kannst du in einem Zug zeichnen, ohne den Stift abzusetzen?

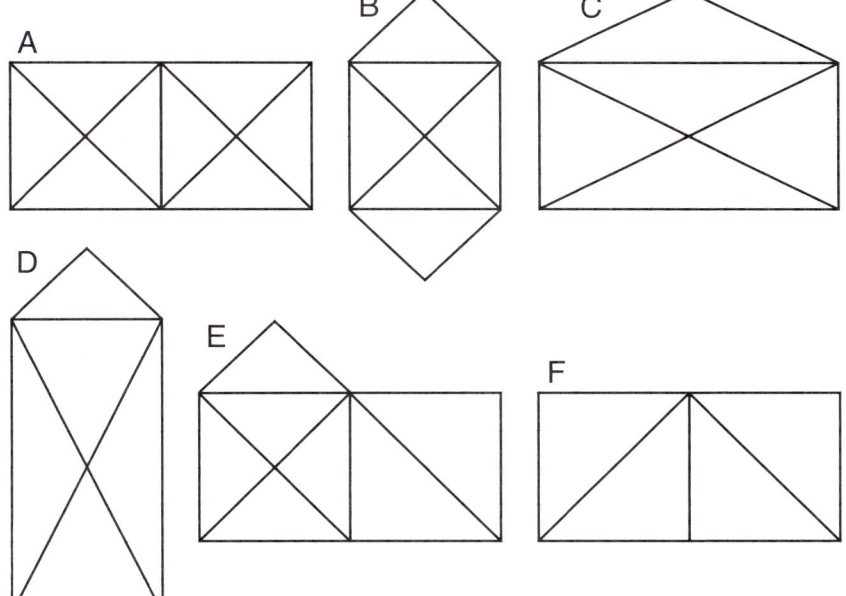

Zähle die Flächenformen. Wie viele
• Dreiecke
• Vierecke
• Fünfecke
sind es?

4 Erfinde selbst zwei Formen für „Unser Mathebuch", die du in einem Zug zeichnen kannst.

1 Übertrage die Muster in dein Heft und setze sie fort.
Benutze das Lineal. Welche Gesetzmäßigkeiten entdeckst du?

a)

b)

c)

d)

Auf Karopapier kann man Muster genau zeichnen.

2 So wird aus den Mustern in Aufgabe 1 ein Stirnband:

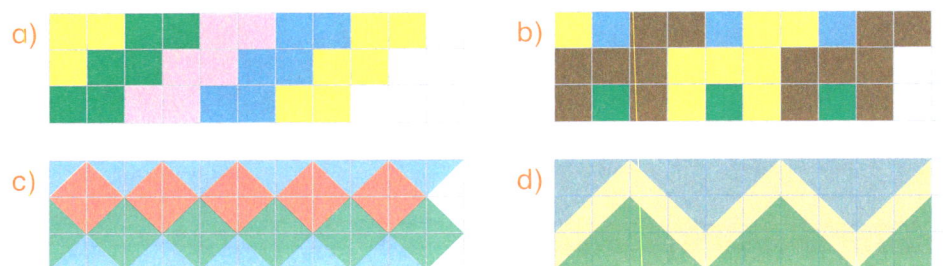

30 cm
4-5 cm

Erfinde ein Muster. Bastle dir damit ein Stirnband.

→ S. 134

3 Zeichne die Bandornamente ab und setze sie fort.

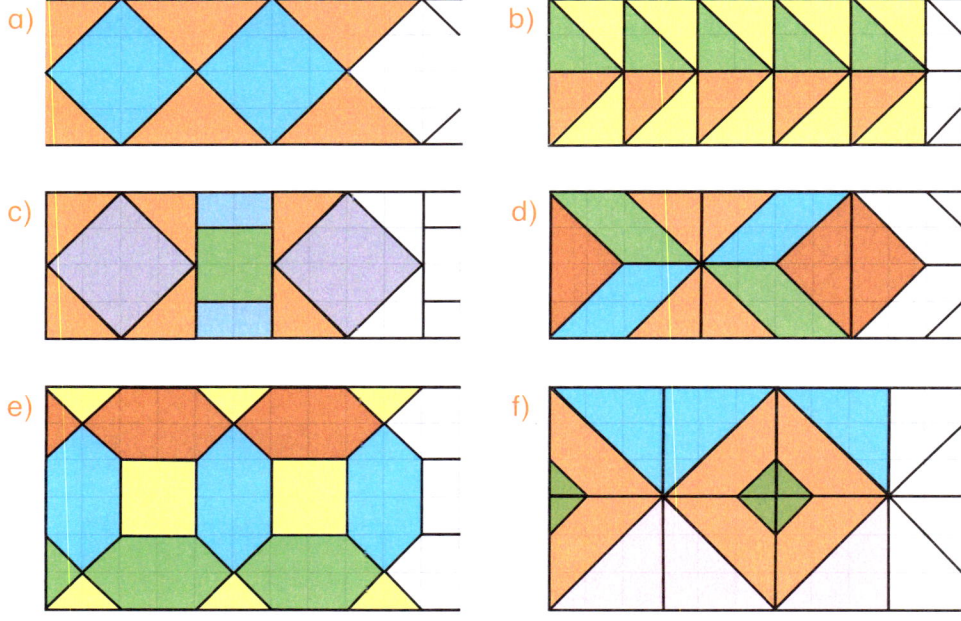

a)

b)

c)

d)

e)

f)

Verändere das Bandornament in Aufgabe 3b) so, dass ein achsensymmetrisches Muster entsteht.

Muster-Ausstellung
Hängt eure schönsten Muster im Klassenzimmer auf.

4 ICH + DU Denke dir ein Muster aus. Dein Partnerkind setzt es zu einem Bandornament fort.

5 Erfinde ein Bandornament für „Unser Mathebuch".

In einem Muster wiederholen sich Farben und Formen.

Gesetzmäßigkeiten in Bandornamenten erklären; Bandornamente fortsetzen

1 `ICH + DU + WIR` Aus welchen Flächenformen setzt sich dieses Bandornament zusammen? Beschreibt, wie es entsteht.

> Ein Bandornament ist eine Reihe aus einem sich wiederholenden Muster.

2 Zeichne das Bandornament aus Aufgabe 1 in dein Heft. Setze es nach rechts und auch nach unten hin passend fort, so dass ein Parkett entsteht. Erkläre, wie du vorgehst, und ergänze die Sätze passend.

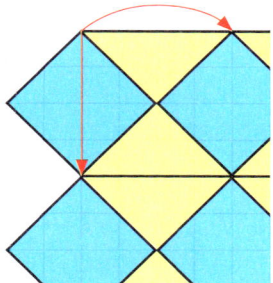

Verschiebe die Grundfigur von einem Eckpunkt aus ☐ Kästchen nach rechts.

Verschiebe die Grundfigur von einem Eckpunkt aus ☐ Kästchen nach unten.

> Ein Parkett ist eine Fläche mit vielen Reihen von einem sich wiederholenden Muster.

3 Betrachte die Bandornamente von Seite 68, Aufgabe 3.
a) Beschreibe die Muster. Welche Flächenformen wurden verwendet? Welche Gesetzmäßigkeiten entdeckst du?
b) Wähle zwei Muster aus und setze sie in der Fläche fort, sodass ein Parkettmuster entsteht.

→ S. 135

4 Suche dir Flächenformen aus und bilde daraus ein Parkettmuster. Zeichne es in dein Heft.

5 Eine Form – viele Muster!
Zeichne das Rechteck zehnmal ab.
Schneide die Rechtecke aus und bilde daraus verschiedene Parkettmuster.
Zeichne sie in dein Heft.
Wie viele verschiedene Muster findest du?

6 Zeichne ein Parkettmuster aus Dreiecken für „Unser Mathebuch".

> Eine Reihe aus sich wiederholenden Mustern nennt man **Bandornament**. Eine Fläche aus sich wiederholenden Musterreihen nennt man **Parkett**.

7 `ICH + DU + WIR` Wo könnt ihr Parkettmuster entdecken? Macht euch auf Mustersuche! Im Klassenzimmer, im Schulgebäude, zu Hause, ...

Körper und ihre Flächen

1 Der Würfel und seine Flächen. Beschreibe.

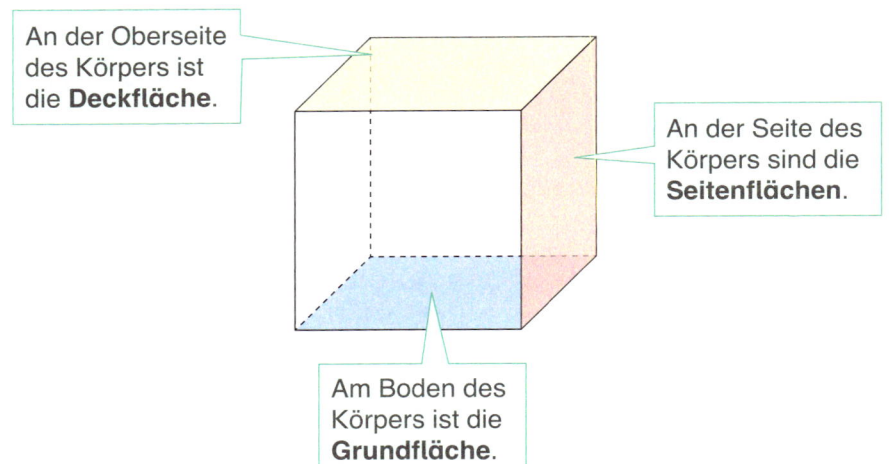

An der Oberseite des Körpers ist die **Deckfläche**.

An der Seite des Körpers sind die **Seitenflächen**.

Am Boden des Körpers ist die **Grundfläche**.

Viele Körper!
a) Betrachte die Körper und beschreibe sie.
b) Bei welchen Körpern findest du rechte Winkel?
c) Würfel und Quader: Welche Gemeinsamkeiten und Unterschiede entdeckst du?

Würfel

Kegel

Quader

Pyramide

Kugel

Zylinder

Prisma

2 Welche Körper sind es? Die Körper am Rand helfen dir.

Mein Körper hat als Grundfläche und als Deckfläche ein Rechteck. Auch die Seitenflächen sind Rechtecke.

Mein Körper hat als Grundfläche ein Dreieck. Die Seitenflächen haben auch drei Ecken.

Mein Körper hat nur eine Fläche.

3 Erfinde eigene Körperrätsel.

4 Körperrätsel
(Spiel für 2 Kinder)
- Beschreibe einen Körper und seine Flächen.
- Dein Partnerkind rät.
- Wechselt euch ab.

Ist es ein ... ?

Mein Körper ist lang und rund. Als Deckfläche und als Grundfläche hat er einen Kreis.

Zusammenhang zwischen Körpern und Flächen beschreiben

1 Schneide einen Würfel so auf, dass alle sechs Flächen zusammenhängen. Klappe die Flächen in die Ebene, so dass sie flach vor dir liegen. Das ist ein Würfelnetz.

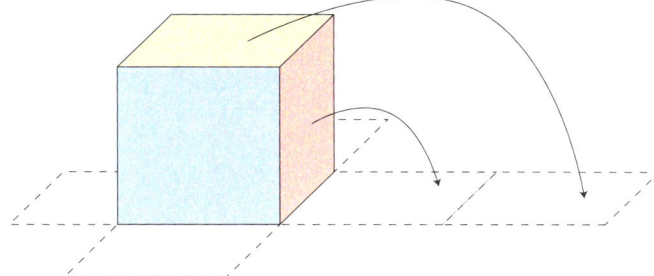

2 a) Kippe einen Würfel auf weißem Papier. Umfahre mit dem Bleistift jedesmal die Fläche, die unten liegt.
Kippe so: nach rechts – nach vorne – nach rechts – nach rechts – nach vorne. Was entsteht?

    b) Schneide das entstandene Netz aus und falte daraus einen Würfel.

3 Aus welchen Netzen (7) kannst du einen Würfel falten?

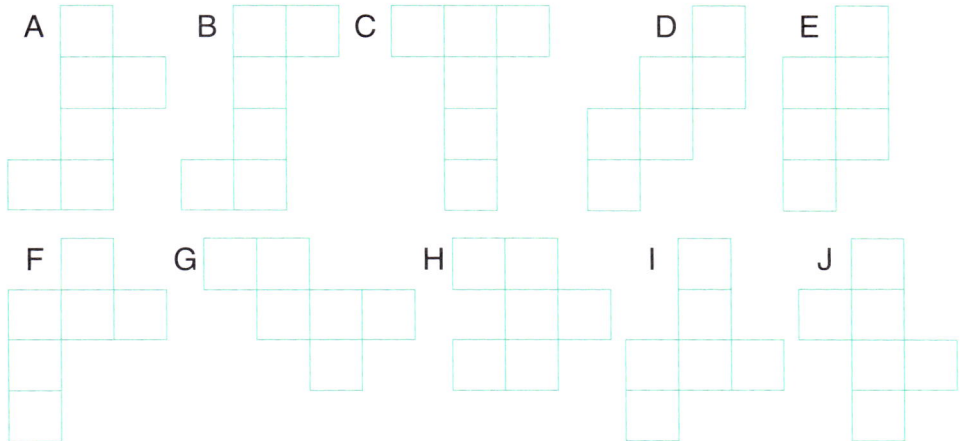

A   B   C   D   E

F   G   H   I   J

4 Zeichne die Würfelnetze aus Aufgabe 3 in dein Heft. Welche Flächen liegen sich beim gefalteten Würfel jeweils gegenüber? Färbe sie in der gleichen Farbe.

Finde weitere Würfelnetze. Zeichne.

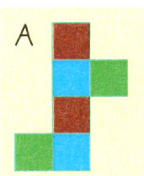

5 Würfel kippen: Welche Zahl liegt oben?

⟶ rechts   ⟵ links   ↓ vorne   ↑ hinten

So liegt der Würfel:

a) 2-mal ⟶, 1-mal ↑

b) 1-mal ⟵, 2-mal ↓

c) 1-mal ⟵, 1-mal ↑, 1-mal ⟵, 2-mal ↓

6 **ICH + DU** Spielt Würfel kippen. Ein Kind gibt die Kippanweisung. Das andere Kind kippt nach Vorgabe und nennt die Zahl, die beim Würfel am Ende oben liegt. Wechselt euch ab.

1 ICH + DU + WIR Betrachtet die Würfelnetze. Was fällt euch auf?

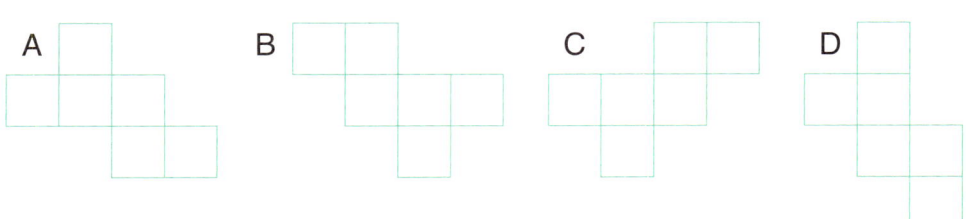

A   B   C   D

2 Ein Würfelnetz – viele Darstellungsmöglichkeiten! Erkläre.

→ S. 134

Wenn ich das Würfelnetz spiegle, bleibt es trotzdem *deckungsgleich*!

Ich kann das Würfelnetz auch drehen!

3 Finde zu den Würfelnetzen C, D und J von Seite 71, Aufgabe 3 jeweils zwei weitere deckungsgleiche Würfelnetze. Zeichne.

4 Zeichne die Würfelnetze in dein Heft. Welche Kanten berühren beim Falten die roten und die grünen Kanten? Male sie in der passenden Farbe an.

ICH + DU Zeige auf eine Kante im Würfelnetz. Dein Partnerkind zeigt, welche Kante sie beim Falten berührt.

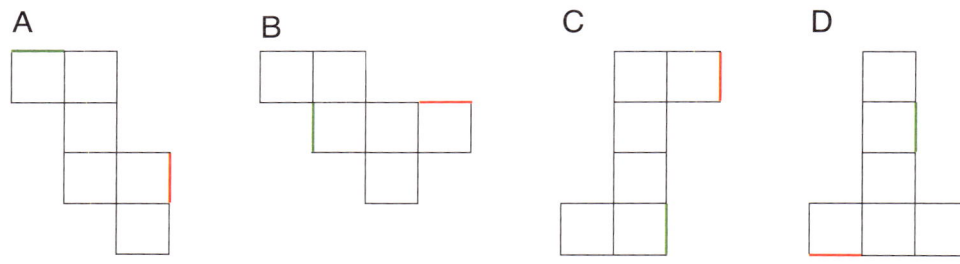

A   B   C   D

5 Zeichne die Würfelnetze in dein Heft. Welche Ecken berühren beim Falten die roten und die grünen Ecken? Zeichne in der passenden Farbe ein.

Würfelnetze sind **deckungsgleich**, wenn sie sich durch Spiegeln oder Drehen aufeinander abbilden lassen.

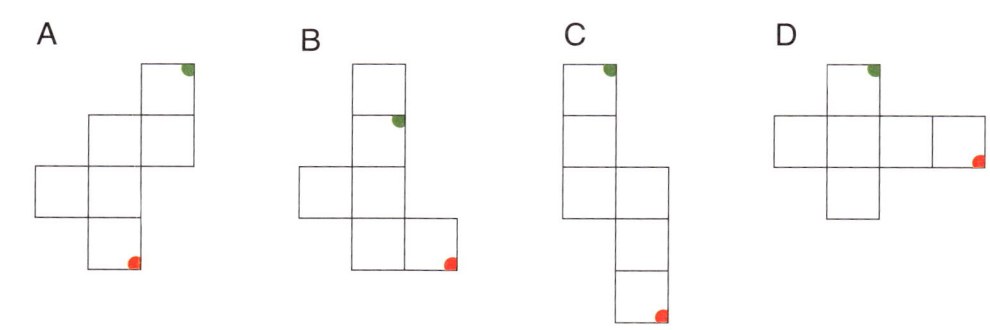

A   B   C   D

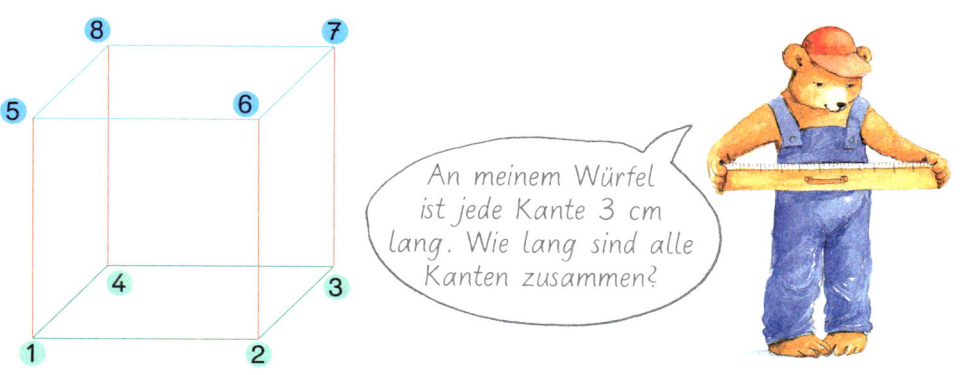

An meinem Würfel ist jede Kante 3 cm lang. Wie lang sind alle Kanten zusammen?

nach hinten ↗
nach vorne ↙
nach links ←
nach rechts →
nach oben ↑
nach unten ↓

1 Ameise Antje sitzt an Bibus Würfel auf Ecke 1.
Sie krabbelt nach rechts →,
dann nach hinten ↗,
dann nach oben ↑
und schließlich nach links ←.

Wo will ich hin?

a) An welchen Ecken kommt Ameise Antje vorbei?
b) Bei welcher Ecke kommt sie an?
c) Wie lang ist ihr Weg? Schau auf Bibu.

ICH + DU ▶
Überlege dir einen Weg an Bibus Würfel. Dein Partnerkind nennt das Ziel.

2 Maikäfer Max sitzt an einer Ecke.

Wo komme ich her?

Er läuft auf diesem Weg ← ↑ →
und kommt zuletzt bei Ecke 7 an.

a) An welcher Ecke ist Max gestartet?
b) Über welche Ecken führt sein Weg?
c) Wie lang ist sein Weg?

Ich kann mich nicht entscheiden! Es gibt 6 verschiedene Wege.

3 Auf Ecke 8 sitzt Fliege Friederike.
Sie will auf dem kürzesten Weg zur Ecke 2.

a) Wie muss sie krabbeln?
b) Finde verschiedene Wege. Wie lang sind sie?

Erfinde ähnliche Rätsel zum Kantenwandern für „Unser Mathebuch".

4 Spinne Sabine sitzt auf Ecke 4.
Sie würde am liebsten einen Rundweg laufen
und einmal an allen Kanten entlang krabbeln,
aber ohne eine Kante zweimal zu benutzen.

Ist das überhaupt möglich?

a) Findest du einen solchen Weg?
b) Finde einen Weg, wie Sabine krabbeln kann,
wenn sie Kanten mehrmals benutzen darf.

5 Bibu hat ein 120 cm langes Stück Draht. Daraus möchte er
einen Würfel als Kantenmodell bauen. Wie lang ist eine
Würfelkante?

1 Aus wie vielen Würfeln bestehen diese Würfelgebäude? Rechne.

a)

b)

c)

d)

e)

f)

4 + 2 + 4 + 2 = ☐

ICH + DU

Baue ein Würfelgebäude. Dein Partnerkind nennt die Anzahl der Würfel.

3	2	1

So sieht der Bauplan zu meinem Würfelgebäude aus.

2 Zu welchen Würfelgebäuden aus Aufgabe 1 passen diese Baupläne? Ordne zu.

A

4	2	4	2

B

3	3	3
2	0	2
1	0	1

C

4	0	0	2
4	3	2	2
4	0	0	2

3 Zeichne die Baupläne der übrigen Würfelgebäude aus Aufgabe 1 in dein Heft.

4 Erfinde eigene Würfelgebäude. Zeichne die Baupläne dazu.

5 Baue Würfelgebäude zu folgenden Bauplänen. Zeichne sie in dein Heft ...

a) ... von vorne .
b) ... von hinten.
c) ... von links.
d) ... von rechts.

3	1	2
2	0	1

A

1	4
2	1
0	2

B

2	0	3
4	1	1
3	2	0

C

3	2	2	4
2	3	0	1
1	0	0	0

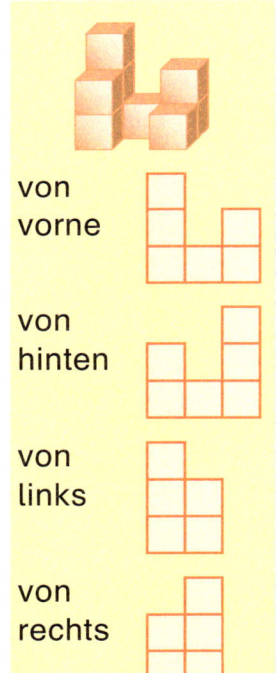

von vorne

von hinten

von links

von rechts

6 Zeichne die Würfelgebäude von Aufgabe 1 von vorne, von hinten, von links und von rechts in dein Heft.

7 **ICH + DU** Zeichne einen Bauplan für ein Würfelgebäude. Dein Partnerkind baut nach deinem Plan. Wechselt euch ab.

1 Armin räumt auf.

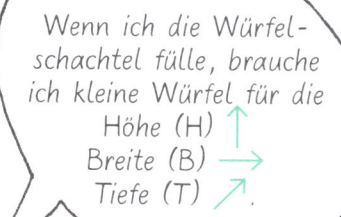

Wenn ich die Würfel-schachtel fülle, brauche ich kleine Würfel für die Höhe (H) ↑ Breite (B) → Tiefe (T) ↗.

a) Wie viele kleine Würfel passen noch in den großen Würfel? Rechne.

b) Wie viele kleine Würfel braucht Armin insgesamt? Bestimme den Rauminhalt.

→ S. 135

2 Ergänze jedes Würfelgebäude zu einem möglichst kleinen Würfel.

Ein Bauplan kann dir helfen.

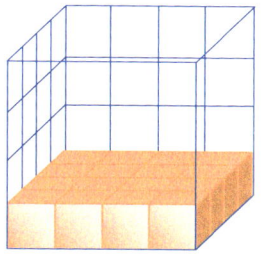

A 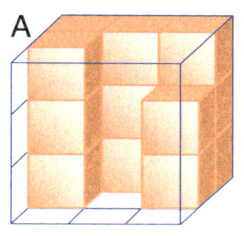   B 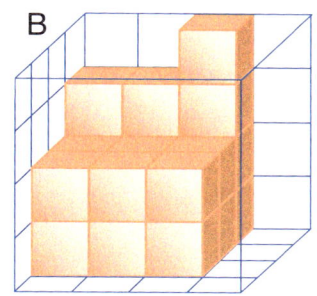   C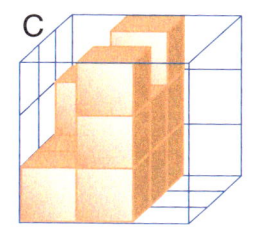

3	3	3
3		2

a) Wie viele kleine Würfel brauchst du jeweils noch? Rechne.

b) Wie viele kleine Würfel brauchst du jeweils insgesamt? Bestimme den Rauminhalt.

3 Ergänze jedes Würfelgebäude von Aufgabe 2 zu einem möglichst kleinen Quader.

a) Wie viele kleine Würfel brauchst du noch?

b) Wie viele Würfel brauchst du insgesamt? Bestimme den Rauminhalt.

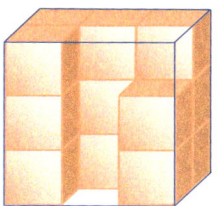

4 Betrachte die Würfelgebäude von Seite 74, Aufgabe 1.

a) Ergänze jedes Würfelgebäude zu einem möglichst kleinen Würfel. Wie viele Würfel brauchst du noch? Rechne.

b) Ergänze jedes Würfelgebäude zu einem möglichst kleinen Quader. Wie viele Würfel brauchst du noch? Rechne.

c) Vergleiche die Rauminhalte. Welcher Würfel (Quader) hat den größten, welcher den kleinsten Rauminhalt?

ICH + DU Baue Würfelgebäude. Dein Partnerkind ergänzt zum möglichst kleinen Würfel.

Vergleiche die Rauminhalte. Welcher Quader hat den größten, welcher den kleinsten Rauminhalt?

Mit gleich großen Würfeln kannst du den **Rauminhalt** von Würfeln und Quadern messen, berechnen und vergleichen.

Reise durch das Matheland

1 ⬤ **ICH + DU + WIR** ▶ Betrachtet die Karte. Welche Besonderheiten entdeckt ihr? Welche Informationen könnt ihr der Karte entnehmen? Beschreibt.

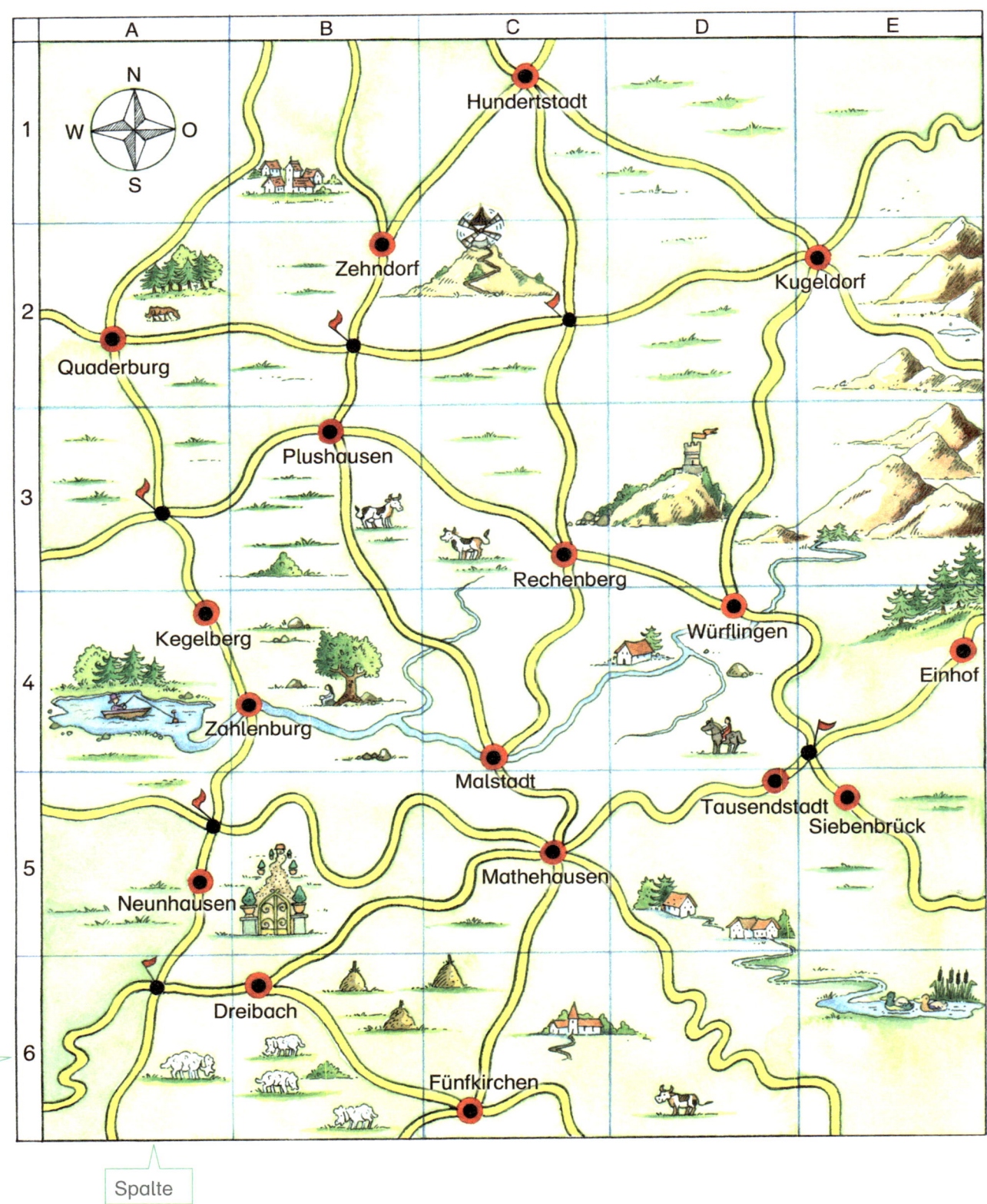

2 In welchem Planquadrat liegen diese Städte und wie heißen sie?

    a) die nördlichste Stadt   b) die südlichste Stadt

    c) die westlichste Stadt   d) die östlichste Stadt

    e) die südöstlichste Stadt   f) die nordöstlichste Stadt

C1: Hundertstadt

Ein Planquadrat hat immer einen Buchstaben und eine Nummer.

3 a) In welcher Zeile liegen die meisten Städte?

    b) In welcher Zeile liegen die wenigsten Städte?

    c) In welcher Spalte liegen die meisten Städte?

    d) In welcher Spalte liegen die wenigsten Städte?

    e) Welche drei Städte liegen in Zeile 2? Schreibe sie auf.

    f) Welche vier Städte liegen in Spalte B? Schreibe sie auf.

A4: Kegelberg

4 Welche Stadt liegt in diesen Planquadraten?

    a) A4   b) E4   c) A2   d) C3   e) B2   f) A5   g) C1   h) D4

5 In welchem Planquadrat liegen diese Städte?

    a) Plushausen   b) Tausendstadt   c) Dreibach

    d) Neunhausen   e) Siebenbrück   f) Einhof

6 In welcher Stadt kommst du an?

Fahre von Mathehausen aus …

    a) … zwei Planquadrate nach Norden.

    b) … zwei Planquadrate nach Westen.

    c) … ein Planquadrat nach Süden.

    d) … zwei Planquadrate nach Osten.

7 Zeichne einen Lageplan zu deinem Fantasieland.
Wie heißen die Städte? In welchen Planquadraten liegen sie?
Überlege dir zu deinem Lageplan ähnliche Fragen
wie in den Aufgaben 2 bis 6.
Du kannst mit deinem Partnerkind zusammenarbeiten.

8 Wohin fährst du?
(Spiel für 2 Kinder)
Mache eine Reise im Kopf. Nenne die Stadt, in der du startest.
Beschreibe deinen Weg, ohne aber die Städte zu nennen, an
denen du vorbeikommst. Dein Partnerkind legt passend zu
deiner Beschreibung auf dem Plan einen Wollfaden oder folgt
mit dem Finger und nennt zuletzt dein Ziel.

Damit du dich auf einer Karte gut orientieren kannst, ist sie wie ein Schachbrett in **Planquadrate** eingeteilt. Jedes Quadrat hat als Namen eine **Nummer** und einen **Buchstaben**.

Faltschnitte

①

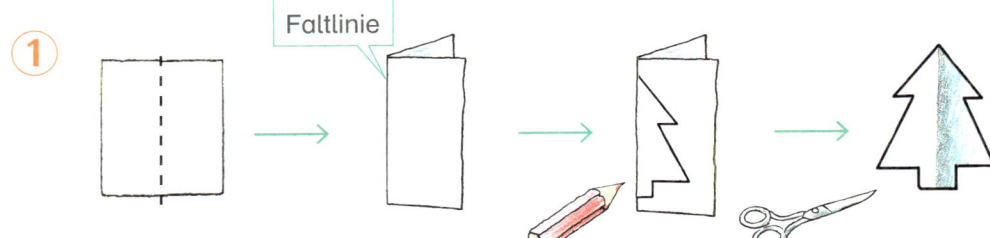

Faltlinie

1. Falte ein Rechteck der Länge nach zur Hälfte. Beide Hälften passen genau aufeinander und sind deckungsgleich.

2. Zeichne an die Faltlinie eine halbe Figur und schneide sie aus. Schneide dabei mit der Schere durch beide Papierlagen.

3. Klappe die Figur auf.
Was ist gleich?
Was ist anders?

→ S. 134

② Welche Figur wurde ausgeschnitten?

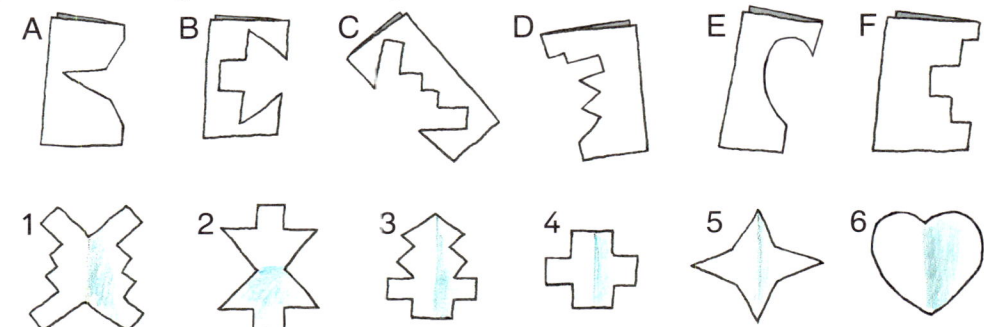

→ S. 134

a) Falte das Papier wie in Aufgabe 1, zeichne und schneide.
b) Ordne die achsensymmetrischen Formen den Papierausschnitten zu.

Welche Bandornamente auf Seite 68 in Aufgabe 3 sind achsen-symmetrisch? Überprüfe und beschreibe. Finde alle Symmetrie-achsen.

③ Bastle einen Klappschnitt:
Male ein halbes Bild auf weißes Papier und schneide es aus. Klappe es um und klebe es zusammen mit dem Schnittrest auf farbiges Tonpapier.

Die Faltlinie teilt die Figur in zwei **deckungsgleiche** Hälften.
Solche Figuren sind **achsen-symmetrisch**.

④ Überlege und probiere aus: Wie kannst du einen solchen Leporello-Wald herstellen? Beschreibe, wie du vorgehst. Wie viele Faltlinien hat dein Leporello? Zähle.

1 Lege den Spiegel an der Symmetrieachse an, um die vollständige Figur zu sehen. Was erkennst du?

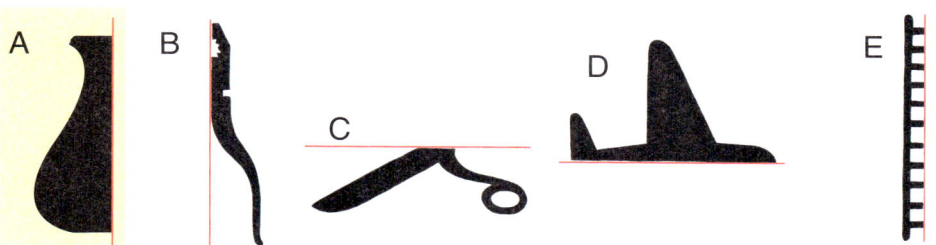

2 Auf welche Pfeile musst du deinen Spiegel stellen, damit du ...
a) ... 2   b) ... 6   c) ... 8   d) ... 12   e) ... 16   f) ... 18
Zwerge siehst?

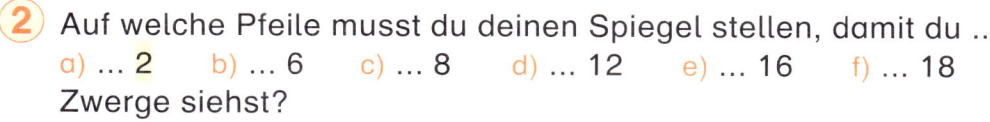

a) A, K

Kannst du deinen Spiegel so auf einen Pfeil stellen, dass du eine ungerade Anzahl von Zwergen siehst? Begründe.

3 Bibu hat ein Muster gemalt.
Welche der unten abgebildeten Muster (4) kannst du durch einmalige Spiegelung am Ausgangsmuster herstellen? Beschreibe, wie du vorgehst.

Du brauchst einen Taschenspiegel ohne Rand.

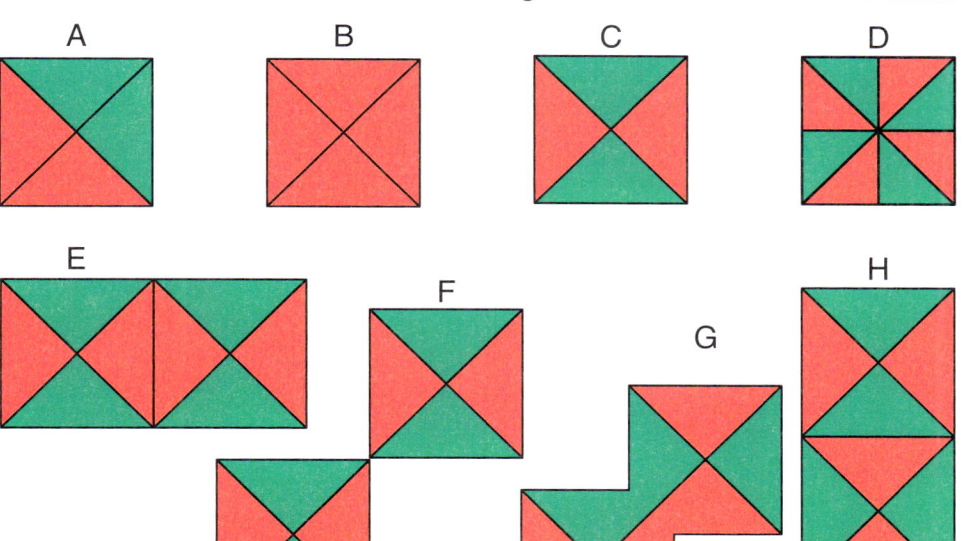

4 Erfinde zum vorgegebenen Muster mögliche und unmögliche Spiegelmuster für „Unser Mathebuch".

Bild und Spiegelbild sind **achsensymmetrisch**. Die Linie, auf der dein Spiegel steht, heißt **Symmetrieachse**. Die Symmetrieachse kann waagerecht, senkrecht oder schräg sein.

Groß und klein

➜ S. 136

1 Vergrößere. Wie viele Nägel umspannt der Gummi am 3. und am 4. Geobrett?

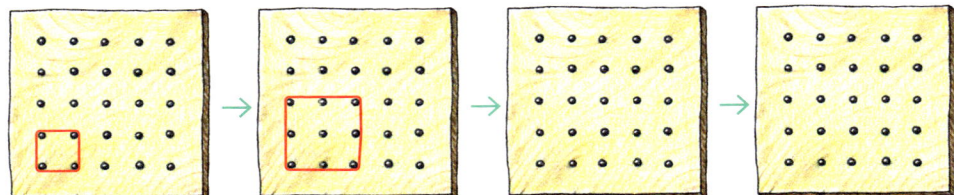

Zeichne in dein Heft.

➜ S. 136

2 Verkleinere so, dass nur halb so viele Nägel umspannt sind.

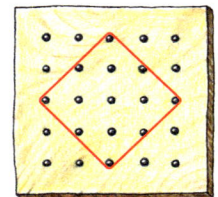 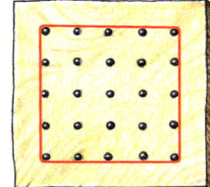 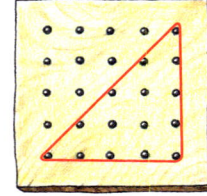 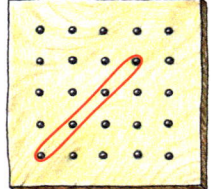

Zeichne in dein Heft.

1 cm ist in der Vergrößerung 2 cm lang.

3 **ICH + DU** Spanne eine eigene Figur am Geobrett. Dein Partnerkind vergrößert oder verkleinert. Wechselt euch ab.

4 Vergrößere. Übertrage die Figur in dein Heft und zeichne sie immer doppelt so groß. Wie sehen das 3. und das 4. Haus aus?

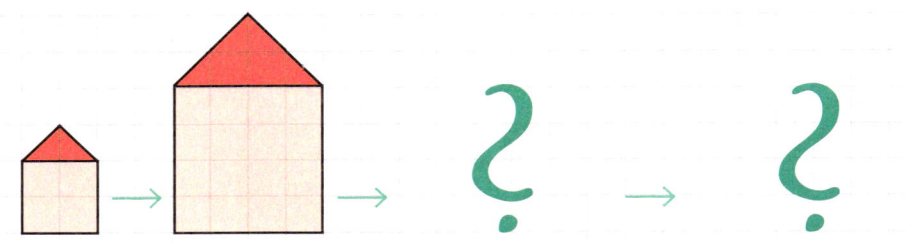

5 Vergrößere. Übertrage die Figuren in dein Heft und zeichne sie immer doppelt so groß. Wie sehen die 2. und die 3. Bilder jeweils aus.

a)   b)   c)

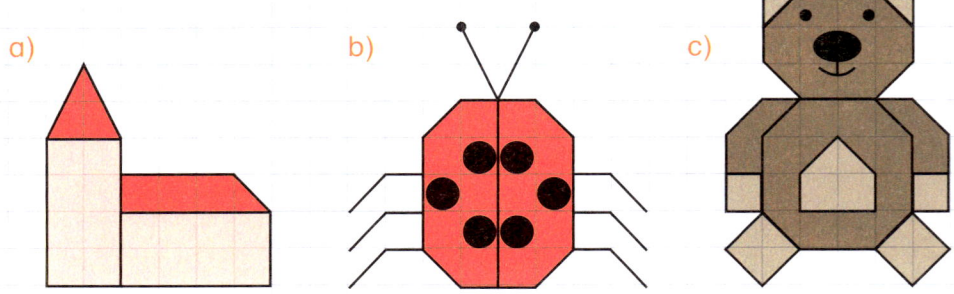

Vergrößerung
Eine vergrößerte Abbildung oder Zeichnung.
Verkleinerung
Eine verkleinerte Abbildung oder Zeichnung.

6 **ICH + DU** Zeichne eine eigene Figur. Dein Partnerkind vergrößert oder verkleinert sie. Wechselt euch ab.

1 Zeichne die Flächenformen in dein Heft ab. Wo sind rechte Winkel? Überprüfe mit dem Geodreieck und kennzeichne so:

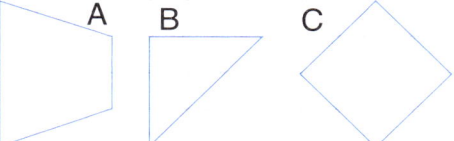 

A   B   C   D   E   F

Bearbeite immer eine Aufgabe. Wie konntest du sie lösen? Male im Heft passend dazu:

2 Zähle die Flächenformen.
Wie viele ...
a) ... Dreiecke siehst du?
b) ... Rechtecke siehst du?

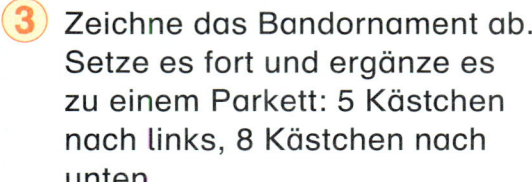

3 Zeichne das Bandornament ab. Setze es fort und ergänze es zu einem Parkett: 5 Kästchen nach links, 8 Kästchen nach unten.

4 Wie heißen diese Körperformen?
a) Meine Körperform hat ein Quadrat als Grundfläche und vier gleiche Dreiecke als Seitenflächen.
b) Meine Körperform hat einen Kreis als Grundfläche und einen Kreis als Deckfläche.
c) Meine Körperform hat ein Dreieck als Grundfläche und ein Dreieck als Deckfläche. Die Seitenflächen sind Rechtecke.

5 Stell dir vor, du faltest aus diesen Würfelnetzen einen Würfel. Welches Bild liegt bei den fertigen Würfeln gegenüber der Rakete?

a)

b)

Alles fertig? Überprüfe mit Seite 82.

6 a) Aus wie vielen Würfeln besteht dieses Würfelgebäude?
b) Zeichne einen Bauplan dazu.
c) Ergänze das Würfelgebäude zu einem möglichst kleinen Würfel. Wie viele Würfel brauchst du noch?

Mit diesen Aufgaben
kannst du üben:

➡ S. 66/1, 3

➡ S. 67/3

➡ S. 68/3
S. 69/2, 3

➡ S. 70/2

➡ S. 71/4

➡ S. 74/1–3
S. 75/2, 4

1 Zeichne die Flächenformen in dein Heft ab. Wo sind rechte Winkel? Überprüfe mit dem Geodreieck und kennzeichne so:

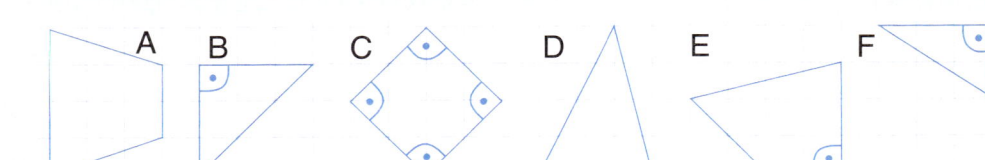

A   B   C   D   E   F

2 Zähle die Flächenformen.
Wie viele …
a) … Dreiecke siehst du?   22
b) … Rechtecke siehst du?   4

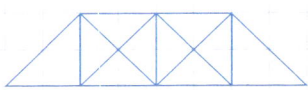

3 Zeichne das Bandornament ab.
Setze es fort und ergänze es
zu einem Parkett: 5 Kästchen
nach links, 8 Kästchen nach
unten.

4 Wie heißen diese Körperformen?
a) Meine Körperform hat ein Quadrat als Grundfläche und vier
gleiche Dreiecke als Seitenflächen.   *Pyramide*
b) Meine Körperform hat einen Kreis als Grundfläche und einen
Kreis als Deckfläche.   *Zylinder*
c) Meine Körperform hat ein Dreieck als Grundfläche und ein
Dreieck als Deckfläche. Die Seitenflächen sind Rechtecke.   *Prisma*

5 Stell dir vor, du faltest aus diesen Würfelnetzen einen Würfel.
Welches Bild liegt bei den fertigen Würfeln gegenüber der
Rakete?

a)

b)

der Stern   *die Sonne*

6 a) Aus wie vielen Würfeln besteht dieses
Würfelgebäude?   13
b) Zeichne einen Bauplan dazu.
c) Ergänze das Würfelgebäude zu einem
möglichst kleinen Würfel. Wie viele Würfel
brauchst du noch?   14

3	2	3
2	1	1
1	0	0

1 Das ist ein Wochenplan der Umzugsfirma Blitz und Schnell:

Quaderburg – Kugeldorf

Plushausen – Mathehausen

Zahlenburg – Fünfkirchen

Rechenberg – Tausendstadt

Kugeldorf – Siebenbrück

Hundertstadt – Plushausen

Der Umzugswagen fährt durchs Matheland.
In welchen Planquadraten der Matheland-Karte auf Seite 76 liegen jeweils Start und Ziel des Umzugswagens?

2 Übertrage die Figur in dein Heft.
Zeichne mit einem roten Stift alle Symmetrieachsen ein.

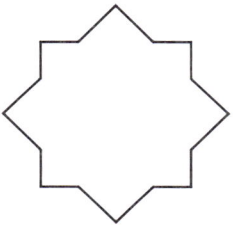

3 Übertrage in dein Heft und ergänze achsensymmetrisch.

a)  b)  c)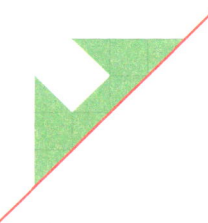

4 Übertrage die Figuren in dein Heft.

a) Vergrößere. Zeichne die Figur doppelt so groß.

b) Verkleinere. Zeichne die Figur halb so groß.

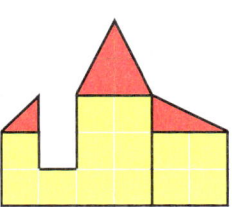 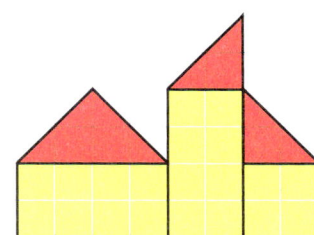

Bearbeite immer eine Aufgabe. Wie konntest du sie lösen? Male im Heft passend dazu:

Alles fertig? Überprüfe mit Seite 84.

Mit diesen Aufgaben kannst du üben:

1 Das ist ein Wochenplan der Umzugsfirma Blitz und Schnell:

MO	DI	MI
Quaderburg – A2 Kugeldorf E2	Plushausen – B3 Mathehausen C5	Zahlenburg – B4 Fünfkirchen C6

DO	FR	SA
Rechenberg – C3 Tausendstadt D5	Kugeldorf – E2 Siebenbrück E5	Hundertstadt – C1 Plushausen B3

Der Umzugswagen fährt durchs Matheland.
In welchen Planquadraten der Matheland-Karte auf Seite 76 liegen jeweils Start und Ziel des Umzugswagens?

→ S. 77/5

2 Übertrage die Figur in dein Heft.
Zeichne mit einem roten Stift alle Symmetrieachsen ein.

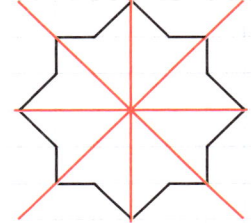

→ S. 79/3

3 Übertrage in dein Heft und ergänze achsensymmetrisch.

a) b) c)

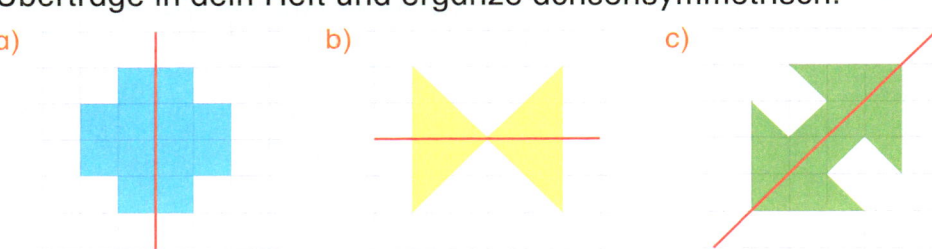

→ S. 79/1

4 Übertrage die Figuren in dein Heft.
a) Vergrößere. Zeichne die Figur doppelt so groß.
b) Verkleinere. Zeichne die Figur halb so groß.

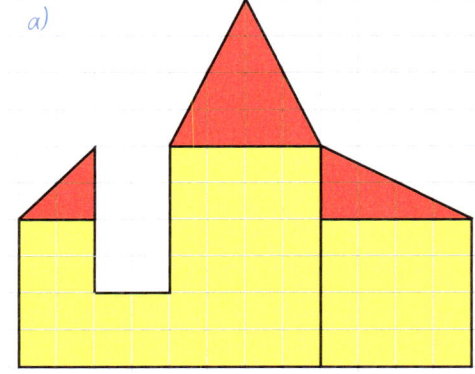

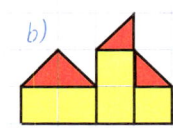

→ S. 80/2, 4, 5

1

A   B   C

ICH Ziehe blind aus jedem Säckchen 20-mal eine Kugel und lege sie wieder zurück. Vermute zuerst, welche Farbe du am häufigsten ziehst. Notiere deine Ergebnisse.

DU + WIR Vergleiche die Ergebnisse mit denen anderer Kinder. Was stellst du fest? Notiere deine Entdeckungen.

ICH + DU + WIR Zieht jeweils 5-mal aus den Säckchen, ohne die Kugeln zurückzulegen. Wie verändern sich eure Ergebnisse? Erklärt.

2 Vermute, aus welchen Säckchen aus Aufgabe 1 die Kinder gezogen haben. Begründe.

Ben			Steffi			Hannes		
rot	grün	blau	rot	grün	blau	rot	grün	blau
II	₩₩ ₩₩ IIII IIII	IIII	₩₩ ₩₩ I	₩₩ II	II	₩₩ II	₩₩ I	₩₩ II

3 **ICH + DU + WIR** Stimmen die Aussagen der Kinder? Begründet schriftlich.

	Anzahl der Kugeln			
	rot 🔴	grün 🟢	blau 🔵	insgesamt
Säckchen A	5	3		
Säckchen B				
Säckchen C				

Eine Tabelle hilft euch.

„Die Wahrscheinlichkeit, eine blaue Kugel zu ziehen, ist bei C am höchsten."

„Wenn man eine rote Kugel ziehen möchte, sollte man aus Säckchen B ziehen."

„Es ist gleich wahrscheinlich, eine grüne Kugel zu ziehen, wenn man aus A oder B zieht."

Überprüfe die Aussagen der Kinder handelnd und finde weitere richtige Aussagen.

4 Verändere Säckchen A aus Aufgabe 1 so, dass es …
a) … sicher ist, eine rote Kugel zu ziehen.
b) … gleich wahrscheinlich ist, eine blaue oder eine grüne Kugel zu ziehen.
c) … wahrscheinlicher ist, eine grüne oder blaue Kugel zu ziehen, als eine rote.
d) … unmöglich ist, eine blaue Kugel zu ziehen.
Überprüfe deine Lösungen.

Verändere so auch Säckchen B und C.

⏱ Seite 39, Aufgabe 7 Bibus Wechselspiel

> Das Ergebnis einer Additionsaufgabe nennt man Summe.

1 Steffi und Andi spielen das Wechselspiel. Nach einer Zeit fragen sie sich, wie viele Hunderter-, Zehner- und Einerkarten sie zusammen haben.
Andi hat 2 Hunderter (H), 4 Zehner (Z) und 3 Einer (E), Steffi hat 4H, 3Z und 5E. Die Kinder bilden die Summe.
Erkläre, wie sie rechnen.

Steffi schreibt in der Stellenwerttabelle:

 S. 136

H	Z	E
2	4	3
+ 4	3	5
		8

So addiert Andi:
Er beginnt bei den Einern: 3E plus 5E gleich 8E

8E an

H	Z	E
2	4	3
+ 4	3	5
	7	8

Dann addiert er die Zehner:
4Z plus 3Z gleich 7Z

7Z an

H	Z	E
2	4	3
+ 4	3	5
6	7	8

Zum Schluss addiert er die Hunderter:
2H plus 4H gleich 6H

6H an

H	Z	E
2	4	3
+ 4	3	5
6	7	8

Steffi und Andi haben zusammen:
6H 7Z 8E
6 7 8

2 ICH + DU Bildet aus den Ziffern 2, 3 und 4 zwei dreistellige Zahlen. Legt sie mit euren Einer-, Zehner- und Hunderterkarten und addiert wie Steffi und Andi in Aufgabe 1.

3 Lege mit deinen Einer-, Zehner- und Hunderterkarten.
Sprich dazu. Addiere dann schriftlich.

a)
```
 HZE
 324
+173
```
PZ: 20

b)
```
 HZE
 435
+162
```
PZ: 21

c)
```
 HZE
 823
+124
```
PZ: 20

d)
```
 HZE
 506
+271
```
PZ: 21

e)
```
 HZE
 761
+ 24
```
PZ: 20

4E + 3E = 7E, 7E an.
2Z + 7Z = 9Z, 9Z an.
3H + 1H = 4H, 4H an.

H	Z	E
3	2	4
+ 1	7	3
4	9	7

4 Addiere schriftlich. Was stellst du fest? Besprich dich mit
deinem Partnerkind. Finde zwei weitere Aufgaben.

```
 HZE
 171
+717
```

```
 HZE
 262
+626
```

```
 HZE
 353
+535
```
...   ...

Rechne auch
Aufgabenreihen
zu:
- 161 + 616
- 151 + 515
- ...

5 Addiere schriftlich. Schreibe richtig untereinander.

a) 275 + 312
314 + 375
613 + 365

b) 148 + 320
254 + 35
72 + 425

c) 876 + 111
86 + 413
734 + 102

d) 123 + 546
44 + 912
876 + 22

289, 468, 497, 499, 587, 669, 689, 836, 898, 956, 978, 987

Sprich kürzer:
5 + 2 = 7, 7 an.
7 + 1 = 8, 8 an.
2 + 3 = 5, 5 an.

H	Z	E
2	7	5
+ 3	1	2
5	8	7

6 ICH + DU + WIR ▷ Achtung, Fehler! Erklärt und notiert, was hier
falsch gemacht wurde. Rechnet richtig.

a) 612 + 270
b) 150 + 321
c) 214 + 35
d) 301 + 256

```
  612
+  27
  639
```

```
  150
+ 321
  481
```

```
  214
+  35
  564
```

```
  310
+ 256
  566
```

7 Einige Ziffern fehlen. Finde sie heraus.

a)
```
 HZE
 284
+7✿2
 996
```

b)
```
 HZE
 4✿7
+512
✿49
```

c)
```
 HZE
 81✿
+✿43
 953
```

d)
```
 HZE
 647
+ ✿2
 67✿
```

e)
```
 HZE
 ✿31
+547
 6✿8
```

Erfinde ähnliche
Klecksaufgaben für
„Unser Mathebuch".

8 Rechne mit Geld.

a)
```
 317 €
+242 €
```

b)
```
 705 €
+ 94 €
```

c)
```
 276 €
+523 €
```

d)
```
 133 €
+426 €
```

e)
```
 301 €
+341 €
```

9 Erreiche den Zielbetrag 788 €. Finde vier Aufgaben.
Rechne schriftlich. Wie gehst du vor? Besprich dich mit deinem
Partnerkind.

10 Marie hat auf dem Sparbuch 245 € und im Sparschwein 142 €.
F: Wie viele Euro hat Marie insgesamt gespart?

**Schriftliches
Addieren**
Beginne beim
Einer.
Rechne von oben
nach unten.

Denke ans Wechseln!
1Z ← 10E
1H ← 10Z
1T ← 10H

⏱ Seite 39, Aufgabe 5   Wechseln im Stellenwert

1 Wechselspiel: Steffi hat 4 Hunderter (H), 5 Zehner (Z) und 8 Einer (E).
Andi hat 4H, 3Z und 5E. Wie viele H, Z und E haben sie zusammen?
Erkläre, wie die Kinder rechnen.

Andi schreibt in der Stellenwerttabelle:

H	Z	E
4	5	8
+ 4	3	5

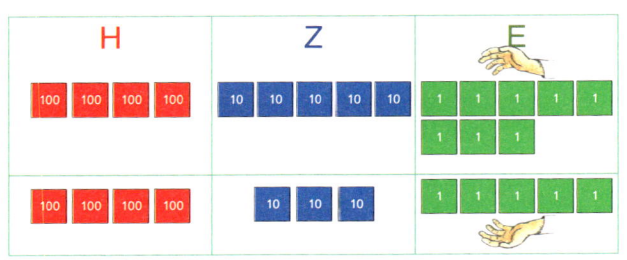
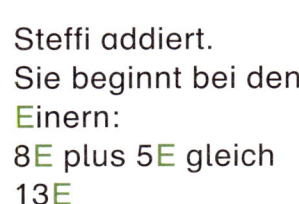

Steffi addiert.
Sie beginnt bei den Einern:
8E plus 5E gleich 13E

H	Z	E
4	5	8
+ 4	3	5
	1	
		3

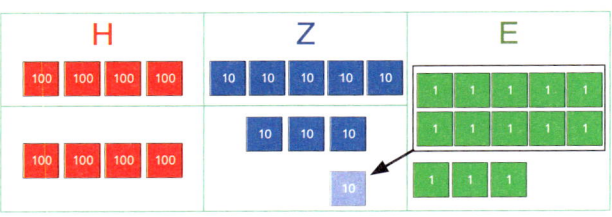
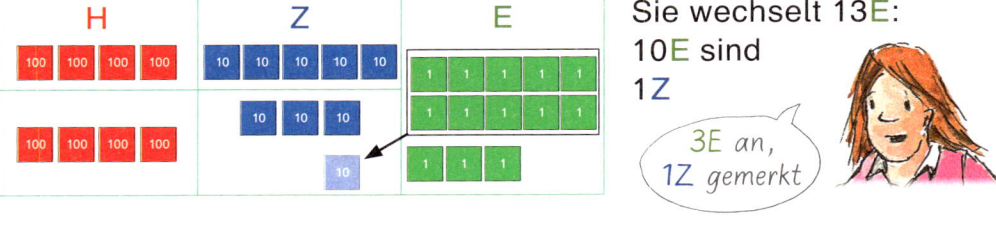

Sie wechselt 13E:
10E sind 1Z

3E an, 1Z gemerkt

H	Z	E
4	5	8
+ 4	3	5
	1	
	9	3

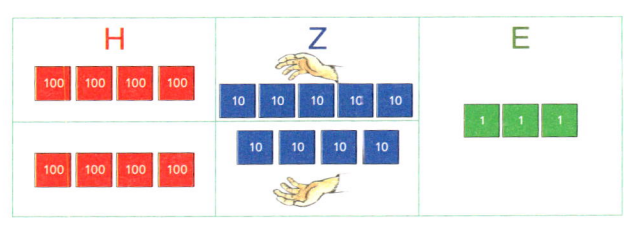

Dann addiert sie die Zehner:
5Z plus 3Z plus 1Z gleich 9Z

9Z an

H	Z	E
4	5	8
+ 4	3	5
	1	
8	9	3

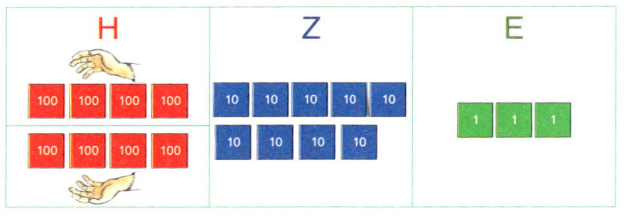

Zum Schluss addiert sie die Hunderter:
4H plus 4H gleich 8H

8H an

H	Z	E
4	5	8
+ 4	3	5
	1	
8	9	3

Steffi und Andi haben zusammen:
8H 9Z 3E
8   9   3

2 Lege mit deinen Einer-, Zehner- und Hunderterkarten.
Sprich dazu. Addiere dann schriftlich.

a)
```
 H Z E
 4 1 8
+2 3 7
```
PZ: 16

b)
```
 H Z E
 2 7 8
+3 5 1
```
PZ: 17

c)
```
 H Z E
 8 1 7
+  9 2
```
PZ: 18

d)
```
 H Z E
 6 0 7
+2 1 5
```
PZ: 12

e)
```
 H Z E
 7 4 3
+1 2 7
```
PZ: 15

3 Hier musst du mehrmals wechseln. Lege mit deinen Einer-,
Zehner- und Hunderterkarten. Addiere dann schriftlich.

a)
```
 H Z E
 4 6 5
+3 7 8
```
PZ: 15

b)
```
 H Z E
 7 2 9
+1 8 2
```
PZ: 11

c)
```
 H Z E
 4 3 5
+3 6 5
```
PZ: 8

d)
```
 H Z E
 2 7 4
+  3 6
```
PZ: 4

e)
```
T H Z E
  8 4 7
+ 1 5 3
```
PZ: 1

4 Addiere schriftlich. Was stellst du fest? Besprich dich mit
deinem Partnerkind. Finde zwei weitere Aufgaben.

```
 H Z E
 1 2 3
+9 8 7
```

```
 H Z E
 2 3 4
+8 7 6
```

```
 H Z E
 3 4 5
+7 6 5
```
...   ...

5 Große Aufgaben. Lege zuerst. Addiere dann schriftlich.

a)
```
 H Z E
 3 4 8
 2 1 9
+1 9 7
```
PZ: 17

b)
```
 H Z E
 4 0 9
 2 8 5
+1 6 4
```
PZ: 21

c)
```
 H Z E
 3 5 2
 4 4 9
+  5 8
```
PZ: 22

d)
```
 H Z E
 3 8 0
   9 7
+3 7 8
```
PZ: 18

e)
```
T H Z E
  6 8 4
  2 6 1
+   5 5
```
PZ: 1

6 Addiere schriftlich. Schreibe richtig untereinander.

a) 476 + 325
   47 + 325
   476 + 375
   67 + 753

b) 244 + 173
   294 + 73
   244 + 737
   294 + 377

c) 523 + 138 + 249
   523 + 148 + 294
   53 + 448 + 294
   253 + 84 + 499

367, 372, 417, 671, 795, 801, 820, 836, 851, 910, 965, 981

7 Achtung, Fehler (3)! Überschlage zuerst. Rechne dann richtig.

a)
```
 H Z E
 3 7 5
+2 8 5
 1 1
 6 6 0
```

b)
```
 H Z E
 4 8 0
+3 2 1
 7 1 1
```

c)
```
 H Z E
   5 4
+2 7 6
   1
 8 1 6
```

d)
```
 H Z E
 5 4 3
+1 9 6
 1 1
 7 4 0
```

e)
```
 H Z E
 2 5 6
+7 3 4
   1
 9 9 0
```

8 Christian hat auf dem Sparbuch 374 € und im Sparschwein 153 €.
F: Wie viele Euro hat Christian insgesamt gespart?

Sprich so:
8E + 7E = 15E
Ich wechsle
5E an, 1Z gemerkt.
1Z + 3Z + 1Z = 5Z
5Z an.
4H + 2H = 6H
6H an.

	H	Z	E
	4	1	8
+	2	3	7
		1	
	6	5	5

Sprich kürzer:
5 + 8 = 13, 3 an,
1 gemerkt
6 + 7 + 1 = 14, 4 an, 1
gemerkt
4 + 3 + 1 = 8, 8 an

	H	Z	E
	4	6	5
+	3	7	8
	1	1	
	8	4	3

Richtig wichtig!

Denke daran, zu wechseln.
1Z 4E ⟵ 14E

Notiere die gemerkte Zahl.

Schreibe immer
E unter E,
Z unter Z,
H unter H.

1

ICH + DU + WIR ▸ Wie könnt ihr die fehlenden Ziffern finden? Erklärt euch eure Tricks.

2 Finde die fehlenden Ziffern.

a)			b)			c)			d)			e)		
H	Z	E		H	Z	E		H	Z	E		H	Z	E		H	Z	E

a)
```
 H Z E
 5 4 9
+2 ❋ 3
 1 1
 ❋ 0 ❋
```

b)
```
 H Z E
 7 8 4
+1 ❋ 6
 1 1
 ❋ 0 ❋
```

c)
```
 H Z E
 ❋ 7 ❋
+  ❋ 6
 1 1
 4 2 5
```

d)
```
 H Z E
 ❋ 8 ❋
+2 8 3
 1
 4 ❋ 9
```

e)
```
 H Z E
 ❋ 7 7
+4 ❋ 4
 1 1
 7 3 ❋
```

Achte auf die Zahlen! Wie verändern sie sich?

3 Addiere schriftlich. Was stellst du fest? Besprich dich mit deinem Partnerkind. Finde zwei weitere Aufgaben.

```
 H Z E        H Z E        H Z E
 7 4 4        6 5 3        5 6 2
+1 6 5       +2 5 6       +3 4 7     ...        ...
```

4 Welche Zahlen wurden hier addiert? Ergänze passend.

a)
```
 H Z E
 3 7 8
+❋ ❋ ❋
 1
 5 0 9
```

b)
```
 H Z E
 2 0 5
+❋ ❋ ❋
 9 0 7
```

c)
```
 T H Z E
 7 8 5
+❋ ❋ ❋
 1 1 1
 1 0 0 0
```

d)
```
 H Z E
 6 4 2
+❋ ❋ ❋
 1
 8 9 0
```

e)
```
 H Z E
 3 7
+❋ ❋ ❋
 1
 9 9 0
```

5 Erreiche die Zielzahl 642. Finde vier Aufgaben. Wie gehst du vor? Besprich dich mit deinem Partnerkind.

Probiere auch mit anderen Zielzahlen.

```
 H Z E
 1 7 5
+3 9 0
 1
 5 6 5
```

6

1	3	5	7	9	0

Bilde aus den Ziffernkarten immer zwei dreistellige Zahlen und addiere die Zahlen so, dass ...

a) ... im Ergebnis an der E-Stelle eine 5 steht.
b) ... das Ergebnis möglichst groß ist.
c) ... das Ergebnis möglichst klein ist.
d) ... im Ergebnis an der Z-Stelle eine 2 steht.
e) ... im Ergebnis an der E-Stelle eine 9 steht.
f) ... im Ergebnis an der E- und an der H-Stelle jeweils eine 4 steht.
g) ... im Ergebnis an der E-, Z- und H-Stelle jeweils eine 2 steht.

357 ist eine dreistellige Zahl, 057 ist zweistellig. Erkläre, warum!

Zum Knobeln

```
      999
    ┌────┬────┐
    │    │ 309 │
  ┌──┬──┴──┬──┤
  │77│     │40 │
```

1 `ICH + DU + WIR` Was ist 1 km von eurer Schule entfernt?
Ist es die Kirche, die Post, die Baustelle? Schätzt zuerst und
schreibt eure Vermutung auf. Vergleicht eure Ergebnisse.

2 Erkundet gemeinsam einen Kilometer. Startet am Schultor.
Arbeitet in Gruppen.

Was ist 1 km von
dir zu Hause
entfernt?
Wie kannst du das
herausfinden?

Für 1 km
muss ich zweieinhalb
Stadionrunden
laufen.

Gruppe A misst mit dem
Zählrad und sagt, an
welcher Stelle sie 100 m
(200 m, …, 1000 m)
gegangen ist.

Gruppe B malt dazu auf, was
sich an der 100-m-Stelle
(200-m-Stelle, …,
1000-m-Stelle) befindet.

Ein großer
Schritt ist
ungefähr 1 m.

Gruppe C stoppt die Zeit
nach 100 m (200 m, …,
1000 m) mit einer
Stoppuhr.

Gruppe D notiert nach 100 m,
(200 m, …, 1000 m) die Anzahl
der Schritte.

Gruppe E rollt entlang des
Weges ein Wollknäuel ab und
rollt es auf dem Rückweg
wieder auf.

1 km = 1000 m
1 Kilometer
= 1000 Meter

1 Die Gesamtstrecke ist 1000 m lang. Bis zu den blauen Punkten sind die Kinder gekommen. Wie viele Meter müssen sie noch laufen?

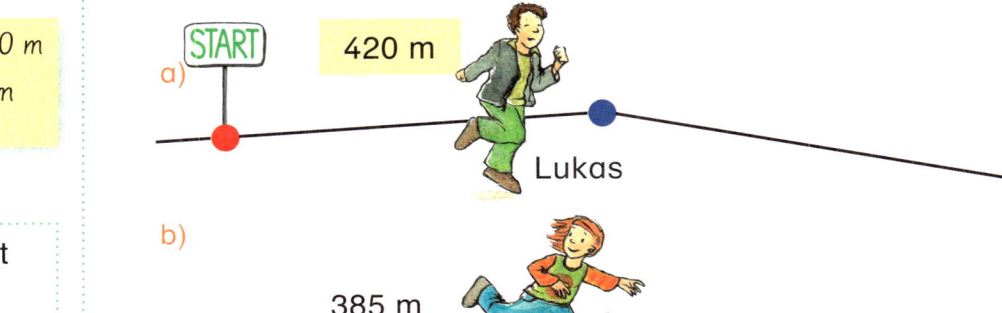

a) START — 420 m — Lukas — ZIEL

b) 385 m — Anna

420 m + ☐ m = 1000 m
Lukas muss noch ☐ m laufen.

Finde möglichst viele Zerlegungen:
1000 m
= ☐ m + ☐ m

2 Immer 1 km (1000 m). Rechne.

a)	b)	c)	d)
410 m	720 m	335 m	875 m
270 m	540 m	265 m	555 m
360 m	60 m	795 m	405 m

410 m + ☐ m = 1000 m

Ergänze auf 1000 m.
Erfinde weitere Aufgaben.

3 1000 m in Etappen. Wie viele Meter sind es noch bis zum Ziel?

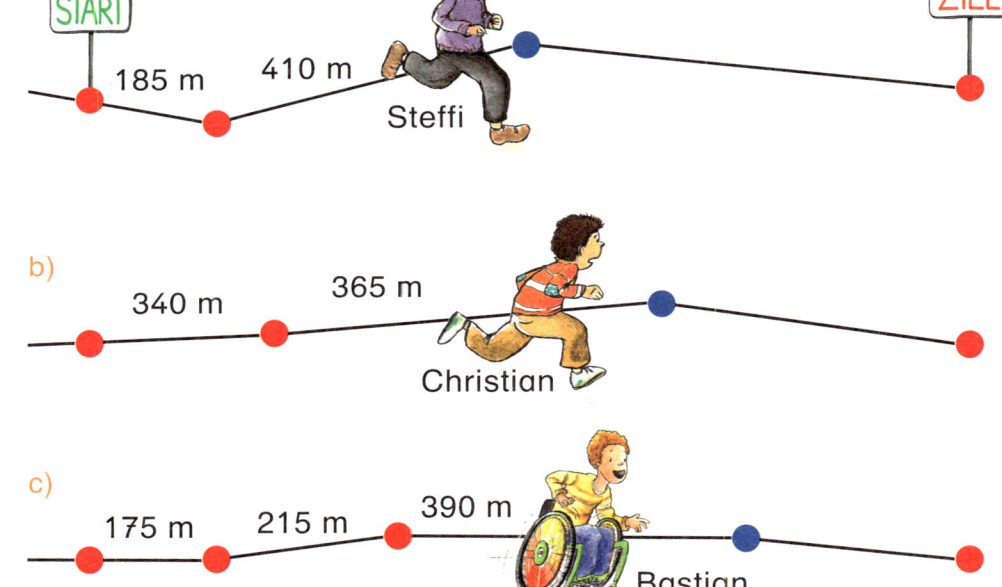

a) START — 185 m — 410 m — Steffi — ZIEL

b) 340 m — 365 m — Christian

c) 175 m — 215 m — 390 m — Bastian

185 m + 410 m + ☐ m = 1000 m
Es sind noch ☐ m bis zum Ziel.

Wie viele Menschen braucht man wohl für eine 1000 m lange Polonaise? Begründe.

4 Immer 1 km (1000 m). Rechne.

a)	b)	c)	d)
489 m	17 m	715 m + 120 m	225 m + 65 m + 520 m
611 m	974 m	865 m + 50 m	605 m + 120 m + 185 m
106 m	508 m	480 m + 275 m	490 m + 255 m + 215 m
862 m	99 m	325 m + 570 m	190 m + 715 m + 80 m

715 m + 120 m + ☐ m = 1000 m

1 **ICH + DU + WIR** Betrachtet die Messgeräte.

a) Welche davon kennt ihr?

b) Überlegt, was mit den Messgeräten gemessen werden kann.

A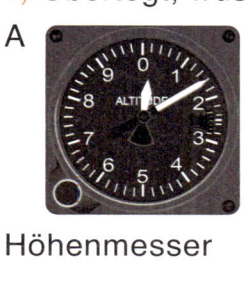

Höhenmesser

B

Schrittzähler

C

Bandmaß

D

Metermaß

E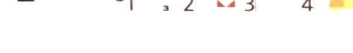

Tafellineal

F

Lineal

G

Meterstab

H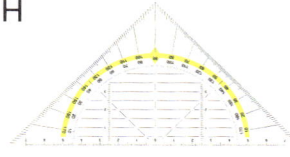

Geodreieck

Sucht nach weiteren Messgeräten im Internet. Wie heißen sie und was kann mit den Geräten gemessen werden?

Kennst du noch weitere Messgeräte?

2 Vergleicht eure Lineale. Welche Gemeinsamkeiten und welche Unterschiede gibt es?

3 Bibu misst genau!

Das brauche ich:
- einen gut gespitzten Bleistift
- ein gutes Lineal
- einen guten Radiergummi, der nicht schmiert
- ein sauberes Heft

So messe ich genau:
1. Ich lege mein Lineal bei der Null an.
2. Ich schaue genau und messe genau!
3. Ich spreche die gemessene Länge deutlich:
   3 cm 7 mm (3 Zentimeter 7 Millimeter)

3 cm 7 mm

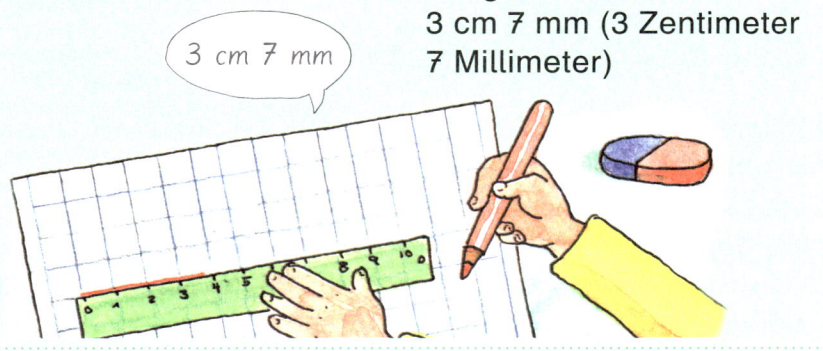

4 Sammelt verschiedene Messgeräte in eurer Klasse und stellt sie aus. Beschriftet sie und schreibt dazu, was man damit messen kann.

Informiere dich, wie man genau misst.

→ S. 93

Du brauchst ein 30 cm langes Lineal und einen Meterstab.

Zu Hause messen! Suche dir Gegenstände. Schätze und messe.

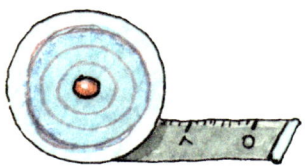

Wie weit springen die Kinder in deiner Klasse? Erstelle eine Tabelle wie in Aufgabe 4. Ordne die Sprungweiten der Größe nach.

1 Miss im Klassenzimmer. Schätze zuerst. Begründe deine Schätzung.
   a) Wie lang ist ein Schülertisch für zwei Kinder?
   b) Wie lang ist ein Schülertisch für ein Kind?
   c) Wie lang ist der Lehrertisch?
   d) Wie breit ist die zugeklappte Tafel?
   e) Wie breit ist die offene Tafel?
   f) Wie breit ist das Fenster?
   g) Wie hoch ist die Klassenzimmertür?
   h) Wie hoch ist das Fenster?

2 Miss mit dem Meterstab oder dem Lineal. Schätze zuerst und begründe deine Schätzung.
   a) Wie lang ist dein Federmäppchen?
   b) Wie hoch ist deine Schultasche?
   c) Wie hoch ist dein Tisch?
   d) Wie hoch ist dein Stuhl (Sitzfläche)?

Ich schätze 20 cm, weil …

3 Was kannst du noch messen? Suche dir fünf weitere Gegenstände und zeichne eine Tabelle in dein Heft.

Gegenstand	geschätzt	gemessen
Flasche	25 cm	23 cm
…	…	…

4 Weitsprungwettbewerb.

Luisa: 2 m 60 cm   Maria: 2 m 90 cm
Christian: 3 m 40 cm   Moritz: 2 m 80 cm
Hannes: 2 m 95 cm   Fabian: 3 m 45 cm
Franziska: 3 m 10 cm   Lukas: 3 m 5 cm
Antonia: 3 m 15 cm   Leila: 2 m 81 cm

Ich schreibe 2,60 m. Ich sage: zwei Komma sechs null Meter.

   a) Trage die Sprungweiten in eine Tabelle ein.

Name	m	cm	m, cm
Luisa	2	60	2,60 m
…	…	…	…

   b) Ordne die Sprungweiten mit Komma der Größe nach.

5 Welches Kind spricht welchen Satz? Ordne zu.
   a) Ich bin 5 cm weiter gesprungen als Franziska.
   b) Ich bin am weitesten von allen gesprungen.
   c) Es fehlten nur 5 cm, dann hätte ich 3 m geschafft!
   d) Heute war nicht mein Tag. Der kürzeste Sprung von allen.
   e) Knapp über 3 m. Das Training hat sich gelohnt.

6 a)
12 m 24 cm + 1 m 13 cm + 14 m 32 cm
23 m 2 cm + 2 m 30 cm + 3 m 31 cm
55 m 45 cm + 3 m 8 cm + 1 m 19 cm

b)
7 m 25 cm – 4 m 25 cm
15 m 51 cm – 2 m 29 cm
38 m 98 cm – 32 cm

1 Auf deinem Lineal sind Zentimeter (cm) und Millimeter (mm).
Wie viele mm sind 1 cm?

2 In Steffis Käferbuch sind die Tiere millimetergenau gezeichnet.
  a) Miss die Länge der Käfer in Millimetern. Lege dein Lineal
     genau an.

Informiere dich über diese und weitere Käfer im Lexikon oder im Internet. Wie groß sind sie? Zeichne in dein Heft.

Marienkäfer

Kartoffelkäfer

Rosenkäfer

Maikäfer

Junikäfer

Hirschkäfer

Das Wort Zentimeter kommt von dem lateinischen Wort centum für hundert. Mille ist auch lateinisch und heißt tausend.

  b) Ordne die Käfer der Größe nach.

3 Vier kleine Käfer gehen auf Reisen. Wie lang sind ihre Wege?
Schätze zuerst. Miss dann millimetergenau mit deinem Lineal.

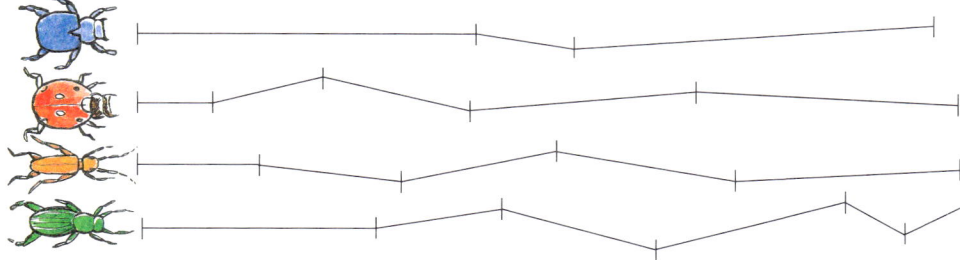

4 Zeichne die Strecken in dein Heft.
  a) 12 mm   b) 23 mm   c) 49 mm   d) 57 mm   e) 88 mm

5 Immer 1 m (1000 mm). Rechne.

a)	b)	c)	d)
68 mm	337 mm	230 mm + 494 mm	45 mm + 308 mm
117 mm	83 mm	625 mm + 78 mm	782 mm + 183 mm
509 mm	988 mm	366 mm + 557 mm	564 mm + 29 mm
241 mm	752 mm	819 mm + 111 mm	256 mm + 237 mm

68 mm + ☐ mm = 1000 mm

6 Kann das sein? Begründe deine Meinung.

  a) Ein Turm aus 10 1-€-Münzen ist 100 mm hoch.

  b) Alle Mathebücher eurer Klasse sind gestapelt 1 m hoch.

  c) Eine Ameisenstraße aus 100 Ameisen ist 1 m lang.

1 m = 100 cm
1 m = 1000 mm
1 cm = 10 mm

Längen umwandeln und ordnen

1 a) Schreibe die Längen als Kommazahl. Schau genau.

5 m 26 cm	2 m 32 cm	7 m 98 cm	4 m 3 cm	3 m 10 cm

304 cm	142 cm	8 cm	121 cm	18 cm	209 cm

b) Ordne die Längen der Größe nach.

5 m 26 cm = 5,26 m

2 a) Schreibe in m und cm.

6,28 m	4,30 m	9,45 m	10,10 m	14,52 m	12,11 m

4,04 m	4,44 m	4,40 m	6,01 m	11,09 m	14,07 m

b) Ordne die Längen der Größe nach.

6,28 m = 6 m 28 cm

3 m 15 cm + ☐ = 4 m
4 m + ☐ = 10 m
3 m 15 cm + ☐ = 10 m

315 cm + ☐ = 400 cm
400 cm + ☐ = 1000 cm
315 cm + ☐ = 1000 cm

3 Wie viel fehlt jeweils noch bis 10 m? Rechne auf zwei Arten.

3 m 15 cm	6 m 58 cm	7 m 32 cm	2 m 85 cm	5 m 79 cm

9 m 81 cm	2 m 9 cm	8 m 7 cm	1 m 1 cm	4 m 2 cm

m	cm	
7	2	5

= 7,25 m
= 725 cm

4 a) Schreibe die Längen als Kommazahlen und wandle sie in die kleinere Einheit um. Eine Tabelle kann dir helfen.

7 m 25 cm	6 m 87 cm	15 m 34 cm	43 m 52 cm	91 m 99 cm

0 m 12 cm	5 m 90 cm	20 m 20 cm	57 m 0 cm	42 m 1 cm

b) Ordne die Längen der Größe nach.

5 a) Wandle in mm um.

1 cm 2 mm	70 cm 4 mm	5 cm 0 mm	10 cm	1 m	80 cm 2 mm

22 cm 9 mm	40 cm 6 mm	74 cm 2 mm	58 cm 20 mm	9 cm 24 mm

b) Ordne die Längen der Größe nach.

1 cm 2 mm = 12 mm

6 a) Wandle in cm und mm um.

80 mm	300 mm	750 mm	480 mm	27 mm	504 mm

92 mm	108 mm	222 mm	944 mm	675 mm	290 mm

b) Ordne die Längen der Größe nach.

80 mm = 8 cm 0 mm

8 cm 30 mm = 110 mm
110 mm + ☐ = 1000 mm

7 Wandle in mm um. Ergänze dann auf einen Meter (1000 mm).

8 cm 30 mm	9 cm 9 mm	40 cm 30 mm	80 cm 25 mm

87 cm 13 mm	36 cm 48 mm	24 cm 20 mm	65 cm 50 mm

1 km = 1000 m
1 m = 100 cm
1 cm = 10 mm

Sachrechnen mit Längen

1 Ordne jeder Länge die passende Abbildung zu.

| 30 m | 1 m | 3 cm | 2 m | 10 m | 1,50 m |

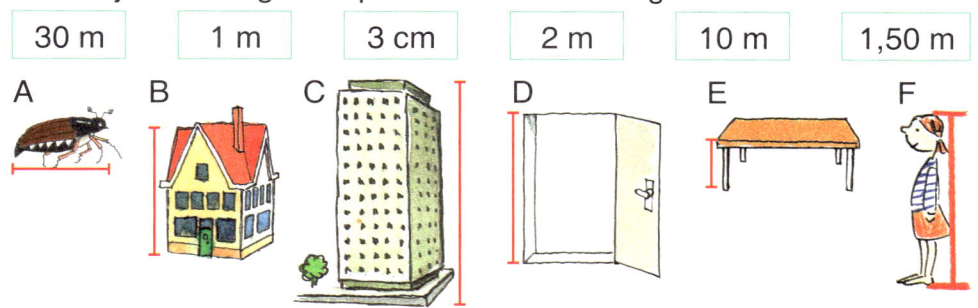

A   B   C   D   E   F

Wie viele
1-Cent-Münzen
brauchst du, um
einen 1 m hohen
Turm zu bauen?

2 Herr Müller ist doppelt so groß wie sein Sohn.
Zusammen sind sie 2,70 m groß.
F: Wie groß ist Herr Müller, wie groß ist sein Sohn?

Wie groß sind
deine Familien-
mitglieder? Miss
und schreibe eine
Rechengeschich-
te dazu.

3 Familie Meier ist zusammen 4 m groß. Die Mutter und der Vater
sind jeweils doppelt so groß wie der Sohn.
F: Wie groß ist der Sohn, wie groß ist die Mutter, wie groß ist
der Vater?

4 Andreas baut für seine Kaninchen einen Auslauf in Form eines
Würfels. Jede Seitenfläche ist 60 cm breit und
60 cm hoch. Die Grundfläche lässt er frei.
a) F: Wie viele Meter Zaun muss Andreas kaufen?
b) F: Wie viele Holzleisten benötigt er, wenn eine
Leiste 2 m lang ist?
c) F: Wie viel kosten die Leisten für den Auslauf,
wenn eine Leiste 3,50 € kostet?

5 Die Entfernung von Luisas Wohnung zur Schule beträgt 70 m.
F: Wie viele Meter legt Luisa in einer Schulwoche zurück?

6 a) Beim Weitsprung springt Moritz 3,24 m. Fine schafft 11 cm
mehr. Erwin springt 32 cm weniger als Moritz.
F: Wie weit springen Fine und Erwin?
b) Beim zweiten Versuch schafft Moritz 3,44 m.
Fine fehlen beim zweiten Sprung 12 cm bis zu dieser Weite.
Erwin springt 23 cm weiter als Fine.
F: Wer ist insgesamt am weitesten gesprungen?

*Eine Tabelle
kann dir helfen!*

	1. Sprung	2. Sprung	insgesamt
Moritz	3,24 m		
Fine			
Erwin			

Genau lesen

Sei schlau, lies genau! Schreibe zuerst die wichtigen Informationen aus den Texten auf und rechne dann.

1 In der Grundschule am Rechenberg sind 97 Kinder in den ersten Klassen, 94 Kinder in den zweiten Klassen und jeweils 99 Kinder in den dritten und vierten Klassen. Unterrichtet werden die Kinder von 23 Lehrkräften. Auch eine Sekretärin und eine Hausmeisterin arbeiten dort.

a) **ICH + DU + WIR** Seid schlau, lest genau!
Welche Informationen könnt ihr dem Text entnehmen?

b) **ICH + DU** Stellt euch Rechenfragen zum Text.
Rechnet und antwortet.

2 Von den 99 Kindern aus der Klassenstufe 3 gehen 26 Kinder, davon 12 Jungen, in die Klasse 3a. In Klasse 3b sind 15 Jungen und 13 Mädchen. In der Klasse 3c sind 24 Kinder, davon 9 Mädchen. In die 3d gehen 12 Jungen.

	3a	3b	3c	3d	insgesamt
Jungen	12				
Mädchen					
insgesamt	26				99

Beantworte die Rechenfragen. Zeichne die Tabelle ab und ergänze sie.

a) F: Wie viele Mädchen gehen in die Klasse 3a?

b) F: Wie viele Jungen gehen insgesamt in die 3. Klasse?

c) F: Wie viele Kinder gehen in die Klasse 3d?

ICH + DU Findet weitere Rechenfragen zur Tabelle und begründet eure Antworten.

3 Die Stadt Rechenberg kauft neue Möbel für die Schule. Für das Lehrerzimmer werden neue Konferenztische und Stühle angeschafft. Die Lehrer bekommen neue Pulte und Schreibtischstühle. Die Sekretärin erhält neue Schränke und einen großen Schreibtisch. Alle Klassen bekommen neue Tische und Stühle. In der Klasse 3b sind 28 Kinder, davon 13 Mädchen.

a) F: Wie viele Zweiertische braucht die 3b?

b) F: Wie viele Vierergruppen werden es?

c) Die Kinder der 3b möchten an den Vierertischen Mädchen- und Jungengruppen bilden.
F: Wie viele Mädchen und Jungengruppen werden es?

Sei schlau, lies genau!

Notiere dir wichtige Wörter und Zahlen aus dem Text.

4 Finde eine Sitzordnung für deine Klasse, bei der jedes Kind zufrieden ist.

5 Die Klasse 3d fährt in den Nationalpark. Die Führung durch den Park kostet 45 Euro für die ganze Gruppe. Die einfache Busfahrt kostet 128 Euro. Die Klasse 3d hat 21 Kinder. Sie fahren um 8 Uhr los und kommen gegen 19 Uhr zurück.
F: Wie viel kostet der Ausflug für die Klasse 3d?
Schreibe nur die Zahlen und Wörter aus dem Text ab, die du zum Beantworten der Frage brauchst. Rechne und antworte.

Manchmal musst du in anderen Aufgaben nach den nötigen Informationen forschen.

6 Die Klassen 3a und 3b machen einen Ausflug ins Planetarium. Die einfache Fahrt kostet ☐ Euro pro Klasse, der Eintritt kostet ☐ Euro pro Kind. In der Klasse 3b sind ☐ Kinder, in der 3a sind ☐ Kinder.
a) Setze die Zahlen sinnvoll ein: 3, 26, 28, 135
b) F: Wie viele Euro kostet der Ausflug für jede Klasse?
c) F: Wie viele Euro geben beide Klassen insgesamt aus?

7 Die Klasse 3c fährt mit dem Bus in die Jugendherberge. Die Hinfahrt ist ☐ Kilometer lang. Bei einem Tagesausflug fahren die Kinder ☐ Kilometer. Wegen eines Umwegs beträgt die Rückfahrt ☐ Kilometer.
a) Setze die Zahlen sinnvoll ein: 37, 146, 137
b) F: Wie viele Kilometer legt der Bus insgesamt zurück?
c) F: Wie weit ist der Umweg?

Denke dir ein Ausflugsziel für deine Klasse aus und schreibe eine Rechengeschichte dazu.

Sei schlau, lies genau!

Denke nach! Welche Zahlen und Wörter sind zum Lösen der Aufgabe wichtig?

8 Schreibe zu diesen Informationen eine eigene Sachaufgabe:
Umweg 24 km, Tagesausflug 46 km, Rückfahrt 217 km

Das Ergebnis einer Subtraktionsaufgabe nennt man Differenz.

⏱ Seite 47, Aufgabe 8   Über den Hunderter ⊖

1 Steffi und Andi spielen mit den Marken ▪, 10 und 100. Andi hat 3H, 5Z und 6E. Er soll 2H, 1Z und 4E an Steffi abgeben. Wie viele H, Z und E bleiben Andi übrig? Die Kinder bilden die Differenz. Erkläre, wie sie rechnen.

→ S. 134

Steffi schreibt in der Stellenwerttabelle:

H	Z	E
3	5	6
− 2	1	4
		2

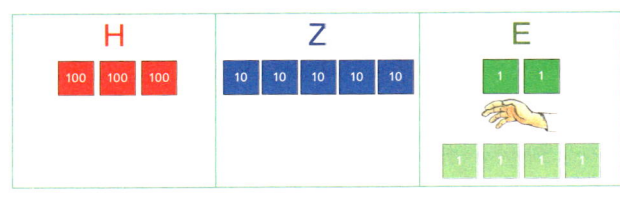

So subtrahiert Andi: Er beginnt bei den Einern: 6E minus 4E gleich 2E

2E an

H	Z	E
3	5	6
− 2	1	4
	4	2

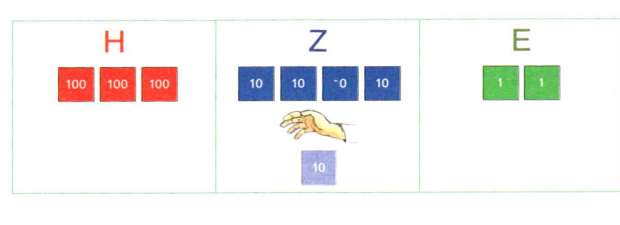

Dann subtrahiert er die Zehner: 5Z minus 1Z gleich 4Z

4Z an

H	Z	E
3	5	6
− 2	1	4
1	4	2

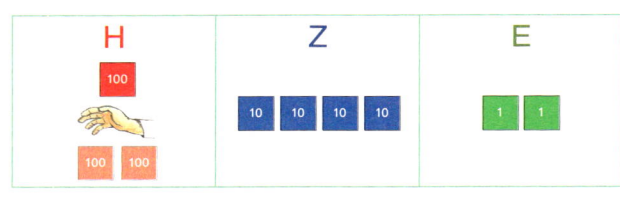

Zum Schluss subtrahiert er die Hunderter: 3H minus 2H gleich 1H

1H an

H	Z	E
3	5	6
− 2	1	4
1	4	2

Andi hat dann noch:
1H 4Z 2E
1   4   2

2 **ICH + DU** Du hast 4H, 7Z und 2E. Gib 2H, 6Z und 1E an dein Partnerkind ab. Legt mit euren Einer-, Zehner- und Hunderterkarten. Subtrahiert wie Steffi und Andi in Aufgabe 1.

3 Lege mit deinen Einer-, Zehner- und Hunderterkarten.
Sprich dazu. Subtrahiere dann schriftlich.

a)	HZE	b)	HZE	c)	HZE	d)	HZE	e)	HZE
	3 7 4		8 7 6		9 4 7		5 8 6		7 6 4
	−1 4 2		−2 0 1		−3 2 4		− 1 5		−1 2 3
	PZ: 7		PZ: 18		PZ: 11		PZ: 13		PZ: 11

4 Subtrahiere schriftlich. Was stellst du fest? Besprich dich mit
deinem Partnerkind. Finde jeweils zwei weitere Aufgaben.

a)
HZE	HZE	HZE		
9 8 7	8 7 6	7 6 5		
−8 7 6	−7 6 5	−6 5 4	…	…

b)
HZE	HZE	HZE		
8 1 6	7 2 5	6 3 4		
−7 0 7	−6 0 6	−5 0 5	…	…

5 Subtrahiere schriftlich. Schreibe richtig untereinander.

a) 275 − 143	b) 388 − 113	c) 491 − 270	d) 874 − 32
295 − 173	288 − 31	499 − 27	847 − 334
995 − 71	838 − 311	494 − 270	794 − 383

122, 132, 221, 224, 257, 275, 411, 472, 513, 527, 842, 924

6 Rechne mit Geld.

a)	329 €	b)	784 €	c)	946 €	d)	569 €	e)	864 €
	− 106 €		− 350 €		− 813 €		− 253 €		− 503 €

7 Erreiche den Zielbetrag 213 €. Finde vier Aufgaben. Subtrahiere
schriftlich. Wie gehst du vor? Notiere deinen Lösungsweg.

8 Die Rechenbergschule hat 389 Schüler.
Die Schule in Mathehausen hat 145 Schüler weniger.
F: Wie viele Schüler hat die Schule in Mathehausen?

9 Die Klasse 3c macht einen Ausflug in den Nationalpark.
Die Lehrerin sammelt das Geld dafür ein. 74 Euro hat sie
bereits, 186 Euro müssen es sein.
F: Wie viele Euro fehlen noch?

10 Der Nationalpark ist von der Rechenbergschule 197 km
entfernt. Nach 134 km macht der Busfahrer eine kurze Pause.
F1: Wie viele Kilometer fehlen noch bis zum Nationalpark?
F2: Wie lang ist die Gesamtstrecke von der Rechenbergschule
bis zum Nationalpark und wieder zurück?

4E − 2E = 2E, 2E an.
7Z − 4Z = 3Z, 3Z an.
3H − 1H = 2H, 2H an.

H	Z	E
3	7	4
− 1	4	2
2	3	2

Erfinde eine
eigene
Musterreihe.

Sprich kürzer:
5 − 3 = 2, 2 an,
7 − 4 = 3, 3 an,
2 − 1 = 1, 1 an

H	Z	E
2	7	5
− 1	4	3
1	3	2

Erfinde eine ähnliche Rechengeschichte für „Unser Mathebuch".

**Schriftliches
Subtrahieren**
Beginne beim
Einer.
Rechne von oben
nach unten.

⏱ Seite 39, Aufgabe 5   Wechseln im Stellenwert

Denke ans
Entbündeln!
$1Z \rightarrow 10E$
$1H \rightarrow 10Z$
$1T \rightarrow 10H$

(1) Wechselspiel: Steffi hat 4 Hunderter (H),
5 Zehner (Z) und 2 Einer (E).
Sie soll 1H, 3Z und 7E an Andi abgeben.
Wie viele H, Z und E bleiben Steffi übrig?
Erkläre, wie die Kinder rechnen.

Andi schreibt in der
Stellenwerttabelle:

H	Z	E
4	5	2
− 1	3	7

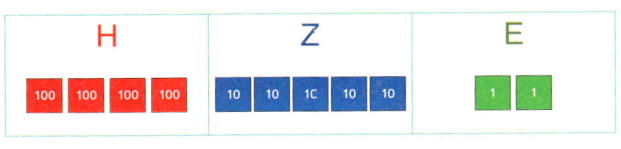

Steffi subtrahiert.
Sie beginnt bei den
Einern:
2E minus 7E geht
nicht

H	Z	E
4	5̶	2
− 1	3	7

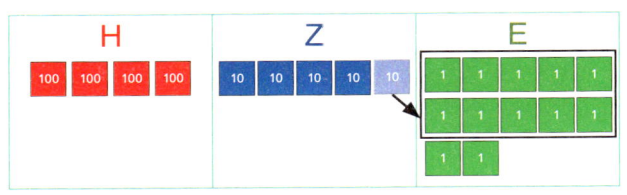

Sie entbündelt 1Z in
10E und hat jetzt
1Z weniger.
Sie setzt einen Strich.

H	Z	E
4	5̶	2
− 1	3	7
		5

12E minus 7E gleich
5E

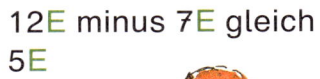

5E an

H	Z	E
4	5̶	2
− 1	3	7
	1	5

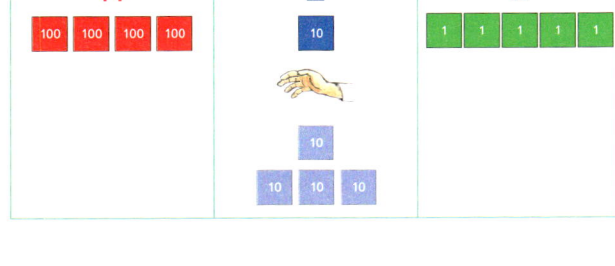

Dann subtrahiert sie
die Zehner:
5Z minus 1Z minus
3Z gleich 1Z.

1Z an

H	Z	E
4	5̶	2
− 1	3	7
3	1	5

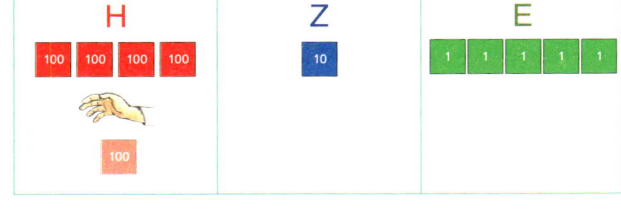

Zum Schluss
subtrahiert sie die
Hunderter:
4H minus 1H gleich
3H

3H an

Steffi hat noch:
3H 1Z 5E
3   1   5

② Lege mit deinen Einer-, Zehner- und Hunderterkarten.
Sprich dazu. Subtrahiere dann schriftlich.

a)
```
HZE
356
-137
```

b)
```
HZE
445
-319
```

c)
```
HZE
692
-378
```

d)
```
HZE
367
-259
```

e)
```
HZE
581
-323
```

f)
```
HZE
549
-373
```

g)
```
HZE
245
-162
```

h)
```
HZE
955
-382
```

i)
```
HZE
874
-270
```

j)
```
HZE
521
-431
```

83, 90, 108, 126, 176, 219, 258, 314, 573, 604

③ Subtrahiere schriftlich. Was stellst du fest? Besprich dich mit
deinem Partnerkind. Finde zwei weitere Aufgaben.

```
HZE
919
-191
```

```
HZE
818
-181
```

```
HZE
717
-171
```

...   ...

④ Subtrahiere von der Null. Sprich dazu. Rechne schriftlich.

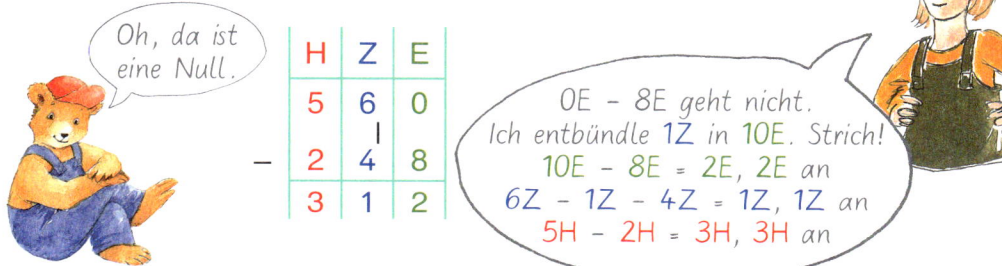

Oh, da ist eine Null.

H	Z	E
5	6	0
− 2	4	8
3	1	2

*0E − 8E geht nicht.
Ich entbündle 1Z in 10E. Strich!
10E − 8E = 2E, 2E an
6Z − 1Z − 4Z = 1Z, 1Z an
5H − 2H = 3H, 3H an*

a)
```
HZE
770
-358
```
PZ: 7

b)
```
HZE
340
-125
```
PZ: 8

c)
```
HZE
406
-142
```
PZ: 12

d)
```
HZE
509
- 95
```
PZ: 9

e)
```
HZE
207
-184
```
PZ: 5

⑤ Johanna hat 260 Sammelbilder. 35 Bilder schenkt sie ihrer
Freundin Antonia.
F: Wie viele Sammelbilder hat Johanna übrig?

⑥

Wenn du zu meiner Zahl 248 addierst, erhältst du 454.

Bilde aus den Ziffern 9, 3, 7 die größtmögliche und die kleinstmögliche Zahl. Berechne die Differenz.

Subtrahiere von 439 die größte zweistellige Zahl.

Sprich so:
6E − 7E geht nicht, ich entbündle 1Z in 10E und habe jetzt 1Z weniger. Strich!
16E − 7E = 9E, 9E an
5Z − 1Z − 3Z = 1Z, 1Z an
3H − 1H = 2H, 2H an

H	Z	E
3	5	6
− 1	3	7
2	1	9

Rechne auch
Aufgabenreihen
zu:
• 929 − 292
• 828 − 282
• ...

Sprich kürzer:
0 − 8 geht nicht,
eins entbündeln, Strich!
10 − 8 = 2, 2 an
7 − 1 − 5 = 1, 1 an
7 − 3 = 4, 4 an

H	Z	E
7	7	0
− 3	5	8
4	1	2

Richtig wichtig!

Denk daran, zu entbündeln. Markiere die entbündelte Zahl mit einem Strich. Schreibe immer
E unter E,
Z unter Z,
H unter H.

1 Lege mit deinen Einer-, Zehner- und Hunderterkarten.
Sprich dazu. Subtrahiere schriftlich.

Da muss ich ja zweimal wechseln.

```
HZE
6 8 5
-3 9 7
```

Kein Problem! Ich zeige dir, wie es geht.

H	Z	E
6	8	5
┃	┃	
- 3	9	7
2	8	8

5 minus 7 geht nicht, eins entbündeln, Strich!
15 − 7 = 8, 8 an.
8 minus 1 minus 9 geht nicht, eins entbündeln,
Strich! 18 − 1 − 9 = 8, 8 an.
6 − 1 − 3 = 2, 2 an.

a)
```
HZE
  6 2 1
- 3 5 9
```
PZ: 10

b)
```
HZE
  5 4 6
- 3 7 8
```
PZ: 15

c)
```
HZE
  6 1 0
- 1 5 7
```
PZ: 12

d)
```
HZE
  4 2 7
- 2 6 9
```
PZ: 14

e)
```
HZE
  7 1 7
- 3 5 8
```
PZ: 17

f)
```
HZE
  9 2 1
- 7 8 4
```
PZ: 11

2 Versteckte Muster. Finde sie und notiere deine Entdeckungen.

```
HZE          HZE          HZE          HZE          HZE          HZE
9 3 8        9 3 5        9 3 2        9 2 9        9 2 6        9 2 3
-2 5 9       -2 6 9       -2 7 9       -2 8 9       -2 9 9       -3 0 9
```

Erfinde eine eigene Musterreihe.

Das Kino in Rechenberg hat 300 Sitzplätze. Für die Abendvorstellung wurden 113 Karten verkauft. F: Wie viele Plätze bleiben frei?

3 Subtrahiere von der Null. Sprich dazu. Rechne schriftlich.

Bei der Null muss ich gut aufpassen.

```
HZE
7 0 0
-2 4 6
```

Rechnen wir gemeinsam.

H	Z	E
7	0	0
┃	┃	
- 2	4	6
4	5	4

0 minus 6 geht nicht, eins entbündeln, Strich!
10 − 6 = 4, 4 an.
0 minus 1 minus 4 geht nicht, eins entbündeln,
Strich! 10 − 1 − 4 = 5, 5 an.
7 − 1 − 2 = 4, 4 an.

Lass in der Mitte genügend Platz, damit du das Entbündeln notieren kannst.

H	Z	E
6	8	5
┃	┃	
- 3	9	7
2	8	8

a)
```
HZE
  2 0 3
- 1 7 4
```
PZ: 11

b)
```
HZE
  4 0 6
- 2 4 7
```
PZ: 15

c)
```
HZE
  3 0 1
- 1 8 4
```
PZ: 9

d)
```
HZE
  5 0 7
- 2 4 9
```
PZ: 15

e)
```
HZE
  7 0 5
- 3 1 8
```
PZ: 18

f)
```
HZE
  9 0 8
- 6 2 9
```
PZ: 18

4 Versteckte Muster. Finde sie und notiere deine Entdeckungen.

```
HZE          HZE          HZE          HZE          HZE          HZE
5 0 0        6 0 0        7 0 0        8 0 0        9 0 0        1 0 0 0
-3 1 2       -3 2 3       -3 3 4       -3 4 5       -3 5 6       - 3 6 7
```

1

ICH + DU + WIR ▸ Wie könnt ihr die fehlenden Ziffern finden? Erklärt euch eure Tricks.

```
  H Z E
  □ 8 6
- 2 □ 4
───────
  3 1 2
```

2 Finde die fehlenden Ziffern.

a)
```
  H Z E
  ✽ 8 6
- 2 ✽ 4
───────
  3 1 2
```

b)
```
  H Z E
  5 ✽ ✽
- ✽ 0 8
───────
  4 ✽ 1
```

c)
```
  H Z E
  ✽ 8 5
- 5 ✽ ✽
───────
  2 7 3
```

d)
```
  H Z E
  ✽ ✽ 7
- 3 3 ✽
───────
  2 9 3
```

e)
```
  H Z E
  3 4 2
- ✽ ✽ ✽
───────
  3 1 2
```

Achte auf die Zahlen! Wie verändern sie sich?

3 Subtrahiere schriftlich. Was stellst du fest? Besprich dich mit deinem Partnerkind. Finde zwei weitere Aufgaben.

```
  H Z E        H Z E        H Z E
  9 5 1        8 6 2        7 7 3
- 5 1 5      - 4 2 4      - 3 3 3
```
... ...

Erfinde eine eigene Musterreihe.

4 Welche Zahlen wurden hier subtrahiert? Ergänze passend.

a)
```
  H Z E
  4 6 8
- ✽ ✽ ✽
───────
  2 3 1
```

b)
```
  H Z E
  6 9 7
- ✽ ✽ ✽
───────
  2 5 4
```

c)
```
  H Z E
  7 0 3
- ✽ ✽ ✽
───────
  6 6 8
```

d)
```
  H Z E
  9 0 0
- ✽ ✽ ✽
───────
  4 7 8
```

e)
```
 T H Z E
 1 0 0 0
-  ✽ ✽ ✽
────────
   3 9 4
```

5 Erreiche die Zielzahl 288. Finde vier Aufgaben.
Wie gehst du vor? Besprich dich mit deinem Partnerkind.

Probiere auch mit anderen Zielzahlen.

6 | 2 | 3 | 4 | 5 | 6 | 0 |

Bilde aus den Ziffernkarten immer zwei dreistellige Zahlen und subtrahiere die Zahlen so, dass ...

a) ... im Ergebnis an der E-Stelle eine 3 steht.

b) ... im Ergebnis an der H-Stelle eine 4 steht.

c) ... das Ergebnis möglichst groß ist.

d) ... das Ergebnis möglichst klein ist.

e) ... im Ergebnis an der E-Stelle eine 8 und an der Z-Stelle eine 6 steht.

f) ... das Ergebnis möglichst nah bei 200 liegt.

g) ... das Ergebnis möglichst nah bei 500 liegt.

462 ist eine dreistellige Zahl, 062 ist zweistellig. Erkläre warum!

```
  H Z E
  4 0 5
- 3 6 2
───────
    4 3
```

Zielzahl 895! Finde viele Aufgaben.

895

Seite 89, Aufgabe 3   Schriftlich addieren mit Übertrag

1)

a)
```
HZE
 348
+275
```
PZ: 11

b)
```
HZE
 683
+179
```
PZ: 16

c)
```
HZE
 548
+374
```
PZ: 13

d)
```
HZE
 169
+352
```
PZ: 8

e)
```
HZE
 257
+164
```
PZ: 7

f)
```
HZE
 403
+198
```
PZ: 7

g)
```
HZE
 365
-178
```
PZ: 16

h)
```
HZE
 436
-257
```
PZ: 17

i)
```
HZE
 805
-356
```
PZ: 17

j)
```
HZE
 400
-274
```
PZ: 9

k)
```
HZE
 104
- 87
```
PZ: 8

l)
```
HZE
 500
-268
```
PZ: 7

2) Finde die fehlenden Ziffern.

a)
```
HZE
8✲9
-✲1✲
632
```

b)
```
HZE
7✲✲
-✲80
357
```

c)
```
HZE
✲21
-1✲✲
313
```

d)
```
HZE
✲✲0
-58✲
 25
```

e)
```
HZE
✲3✲
-2✲8
240
```

f)
```
HZE
✲✲2
-39✲
318
```

3) Schreibe untereinander. Erst **überschlagen**, dann rechnen.

a)
249 € + 376 €
548 € + 189 €

b)
456 € + 278 €
529 € + 186 €

c)
357 € − 268 €
543 € − 265 €

d)
805 € − 346 €
543 € − 179 €

4) Richtig gerechnet? Mache die Probe.

a) **647 + 174**
743 + 58
365 + 246
587 + 345
88 + 476

```
HZE
647
+174
 11
821
```
Probe: Tauschaufgabe
4 + 7 = 11, 1 an, 1 gemerkt.
1 + 7 + 4 = 12, 2 an, 1 gemerkt.
1 + 1 + 6 = 8, 8 an.
```
HZE
174
+647
 11
821
```

b) **435 − 246**
761 − 89
304 − 216
500 − 135
806 − 378

```
HZE
435
 11
-246
189
```
Probe: Umkehraufgabe
9 + 6 = 15, 5 an, 1 gemerkt.
8 + 4 + 1 = 13, 3 an, 1 gemerkt.
1 + 2 + 1 = 4, 4 an.
```
HZE
189
+246
 11
435
```

5) Schriftlich oder im Kopf?

a)
170 + 320
702 − 698
346 + 120
1000 − 10

b)
328 + 172
100 − 63
499 + 222
501 − 399

6) Wie rechnest du?

a)
534 + ☐ = 700
☐ − 127 = 476
700 − ☐ = 220
☐ + 310 = 577

b)
900 − ☐ = 260
433 + ☐ = 500
☐ + 298 = 800
205 − ☐ = 7

4, 37, 102, 466, 490, 500, 721, 990   67, 166, 198, 267, 480, 502, 603, 640

Erfinde ähnliche Klecksaufgaben für „Unser Mathebuch".

➡ S. 136

```
Ü: 200 € + 400 € = 600 €
HZE
 249 €
+376 €
  11
 625 €
```

Bei ⊕ rechne ich zur Probe von unten nach oben.

Bei ⊖ decke ich die oberste Zahl ab und addiere zur Probe die unteren zwei Reihen.

Schreibe immer
E unter E,
Z unter Z,
H unter H.
Beginne beim E.

⏱ Seite 103, Aufgabe 4   Schriftlich subtrahieren mit Übertrag

① Finde zu den Geldbeträgen zwei weitere Schreibweisen.

a) 3 € 4 ct	b) 7 € 22 ct	c) 17 ct	d) 803 ct
2,45 €	596 ct	3 € 4 ct	8,33 €
217 ct	4 € 1 ct	9 € 40 ct	830 ct
4,05 €	4,50 €	4,03 €	8 € 13 ct

3 € 4 ct = 304 ct = 3,04 €

② **ICH + DU + WIR** Maria soll ein Heft, einen Spitzer und eine Packung Stifte kaufen. Sie rechnet aus, wie viel Geld sie dafür braucht. Kann Marias Rechnung stimmen? Legt mit eurem Rechengeld und überprüft.

1,29 €

0,89 €   4 €

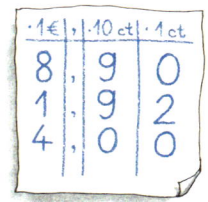

·1€	·10 ct	·1 ct
8,	9	0
1,	9	2
4,	0	0

1 € = 100 ct
100 ct = 1,00 €

Das Komma trennt Euro und Cent:

1,29 €

vor dem Komma Euro   nach dem Komma Cent

③ Rechne schriftlich. Schreibe Komma unter Komma.

a)	b)	c)	d)
32,10 €	28,45 €	214,32 €	124,99 €
11,15 €	17,12 €	7,50 €	3,17 €
+ 14,35 €	+ 13,80 €	+ 18,46 €	+ 80,24 €

57,60 €; 59,37 €; 208,40 €; 240,28 €

```
  32,10 €
  11,15 €
+ 14,35 €
       1
  57,60 €
```

④ Rechne schriftlich. Schreibe Komma unter Komma.

a)	b)	c)	d)
45,12 €	28,54 €	13,36 €	32,50 €
− 13,18 €	− 13,45 €	− 7,17 €	− 11,14 €

6,19 €; 15,09 €; 21,36 €; 31,94 €

```
  45,12 €
   | |
- 13,18 €
  31,94 €
```

⑤ Schreibe mit Komma und rechne schriftlich.

a)
2 € 48 ct + 3 € + 1 € 99 ct
15 € 13 ct + 50 ct + 26,07 €
31 € 8 ct + 13 ct + 40 € 80 ct
50 € + 213 € 55 ct + 4 ct
22 € 40 ct + 8 € 3 ct

b)
13 € 12 ct − 4 € 38 ct
40 € − 28 € 48 ct
112 € 7 ct − 6 € 31 ct
50 € − 44 € 64 ct
100 € − 14 € 15 ct

5,36 €; 7,47 €; 8,74 €; 11,52 €; 30,43 €; 41,70 €; 72,01 €; 85,85 €;
105,76 €; 263,59 €

Achte beim Aufschreiben auf die Stellenwerte:
4 ct = 0,04 €
40 ct = 0,40 €
Schreibe Komma unter Komma.

⑥ Andi hat in der Geldbörse 12,48 €, im Federmäppchen 40 ct und auf dem Schreibtisch 9 ct. Unter dem Bett kehrt er sechs 1-Cent-Münzen hervor.
F: Wie viele Euro hat Andi insgesamt?

1 **ICH + DU + WIR** Untersucht Annas und Christians Aufgaben. Wie geht ihr vor? Erklärt euch eure Tricks.

Anna erfindet eine Additionsaufgabe:

```
H Z E
3 2 6
+ 4 1 6
    1
─────────
7 4 2
```

Christian erfindet eine Subtraktionsaufgabe:

```
H Z E
7 2 1
  I I
- 3 8 7
─────────
3 3 4
```

a) Anna und Christian erhöhen nun bei ihren Aufgaben jeden E um 1.
Was verändert sich an den Ergebnissen? Rechne und erkläre.

```
H Z E
3 2 7
+ 4 1 7
─────────
□□□
```

```
H Z E
7 2 2
- 3 8 8
─────────
□□□
```

b) Die Aufgaben sollen nun im Ergebnis an der E-Stelle eine 5 haben, die Anzahl der H und Z darf sich aber nicht verändern.
Welche Möglichkeiten (6) hat Anna?
Welche Möglichkeiten (5) hat Christian?

```
H Z E
3 2 □
+ 4 1 □
─────────
7 4 5
```

```
H Z E
7 2 □
- 3 8 □
─────────
3 3 5
```

c) Die Ergebnisse sollen nun um 30 größer sein. Diesmal darf sich die Anzahl der H und E nicht verändern.
Welche Möglichkeiten (7) hat Anna?
Welche Möglichkeiten (7) hat Christian?

```
H Z E
3 □ 6
+ 4 □ 6
─────────
7 7 2
```

```
H Z E
7 □ 1
- 3 □ 7
─────────
3 6 4
```

d) Anna und Christian verändern ihre Aufgaben so, dass die Ergebnisse um 4 kleiner werden. Die Anzahl der H und Z darf sich nicht verändern.
Welche Möglichkeiten (9) hat Anna?
Wieso lässt sich Christians Aufgabe nicht lösen? Erkläre.

```
H Z E
3 2 □
+ 4 1 □
─────────
7 3 8
```

```
H Z E
7 2 □
- 3 8 □
─────────
3 3 0
```

Automatisiert und flexibel die schriftlichen Rechenverfahren anwenden

1 Addiere schriftlich.

a) HZE	b) HZE	c) HZE	d) HZE	e) HZE	f) HZE
2 5 2	1 2 8	3 8 6	5 6 7	8 2 4	7 0 5
+ 3 1 4	+ 5 7 2	+ 2 4 4	+ 1 6 8	+ 8 6	+ 1 9 5

2 Subtrahiere schriftlich.

a) HZE	b) HZE	c) HZE	d) HZE	e) HZE	f) HZE
5 9 4	8 7 6	9 4 0	7 1 3	8 2 4	7 0 5
− 3 2 3	− 2 5 6	− 3 5 2	− 6 5 4	− 2 4 7	− 3 1 7

3 Rechne schriftlich oder im Kopf. Achte auf das Rechenzeichen.

a) 252 + 349 = ☐
346 − 154 = ☐
954 − 65 = ☐

b) 184 + 38 = ☐
404 − 394 = ☐
700 − 278 = ☐

c) 352 − 79 = ☐
402 + 137 = ☐
492 + 274 = ☐

4 Schreibe als Kommazahl.

| 3 € 17 ct | 18 € 3 ct | 27 ct 2 € | 324 ct | 29 ct | 10 € 1 ct |

5 Rechne schriftlich. Achte auf das Rechenzeichen.

a) 11,57 € + 3,49 € = ☐ €
15,24 € + 132,48 € = ☐ €

b) 18,02 € − 9,78 € = ☐ €
900,00 € − 129,36 € = ☐ €

6 Wandle um und ergänze die Tabelle.

cm	300 cm	620 cm			
m cm			4 m 13 cm	5 m 3 cm	
m				8,09 m	2,74 m

7 Miss die Strecken ab. Schreibe so auf: 15 mm = 1 cm 5 mm

a) ⊢——————⊣ b) ⊢——⊣ c) ⊢——————————⊣

d) ⊢————⊣ e) ⊢———————————————⊣

8 Die Kinder der Klasse 4a laufen 1000 Meter. Berechne die fehlenden Angaben in der Tabelle.

	gelaufen	noch zu laufen
Anna-Maria	275 m	
Kathrin		426 m
Philipp		294 m
Benjamin	237 m	

9 Schreibe nur die richtigen Aussagen in dein Heft.
Es ist wahrscheinlicher, eine blaue als eine grüne Kugel zu ziehen.
Es ist sicher, eine rote Kugel zu ziehen.
Es ist möglich, eine blaue Kugel zu ziehen.
Es ist unmöglich, eine grüne Kugel zu ziehen.
Es ist gleich wahrscheinlich, eine rote oder blaue Kugel zu ziehen.

Bearbeite immer eine Aufgabe. Wie konntest du sie lösen? Male im Heft passend dazu:

Alles fertig? Überprüfe mit Seite 110.

Mit diesen Aufgaben kannst du üben:

→ S. 89/3

1 Addiere schriftlich.

	a) HZE	b) HZE	c) HZE	d) HZE	e) HZE	f) HZE
	252	128	386	567	824	705
	+314	+572	+244	+168	+ 86	+195
		1 1	1 1	1 1	1 1	1 1
	566	*700*	*630*	*735*	*910*	*900*

→ S. 103/2
S. 104/1, 3

2 Subtrahiere schriftlich.

	a) HZE	b) HZE	c) HZE	d) HZE	e) HZE	f) HZE
	594	876	940	713	824	705
				ǀ ǀ	ǀ ǀ	ǀ ǀ
	−323	−256	−352	−654	−247	−317
	271	*620*	*588*	*59*	*577*	*388*

→ S. 106/5

3 Rechne schriftlich oder im Kopf. Achte auf das Rechenzeichen.

a) 252 + 349 = *601*   b) 184 + 38 = *222*   c) 352 − 79 = *273*
346 − 154 = *192*   404 − 394 = *10*   402 + 137 = *539*
954 − 65 = *889*   700 − 278 = *422*   492 + 274 = *766*

→ S. 107/1

4 Schreibe als Kommazahl.

3 € 17 ct	18 € 3 ct	27 ct 2 €	324 ct	29 ct	10 € 1 ct
3,17 €	*18,03 €*	*2,27 €*	*3,24 €*	*0,29 €*	*10,01 €*

→ S. 107/3, 4

5 Rechne schriftlich. Achte auf das Rechenzeichen.

a) 11,57 € + 3,49 € = *15,06 €*   b) 18,02 € − 9,78 € = *8,24 €*
15,24 € + 132,48 € = *147,72 €*   900,00 € − 129,36 € = *770,64 €*

→ S. 96/1, 2

6 Wandle um und ergänze die Tabelle.

cm	300 cm	620 cm	*413 cm*	*809 cm*	*503 cm*	*274 cm*
m cm	*3 m 0 cm*	*6 m 20 cm*	4 m 13 cm	*8 m 9 cm*	5 m 3 cm	*2 m 74 cm*
m	*3,00 m*	*6,20 m*	*4,13 m*	8,09 m	*5,03 m*	2,74 m

→ S. 95/3
S. 96/6

7 Miss die Strecken ab. Schreibe so auf: 15 mm = 1 cm 5 mm

a) *35 mm = 3 cm 5 mm*   b) *13 mm = 1 cm 3 mm*   c) *52 mm = 5 cm 2 mm*
d) *26 mm = 2 cm 6 mm*   e) *87 mm = 8 cm 7 mm*

→ S. 92/2

8 Die Kinder der Klasse 4a laufen 1000 Meter. Berechne die fehlenden Angaben in der Tabelle.

	gelaufen	noch zu laufen
Anna-Maria	275 m	*725 m*
Kathrin	*574 m*	426 m
Philipp	*706 m*	294 m
Benjamin	237 m	*763 m*

→ S. 85/3

9 Schreibe nur die richtigen Aussagen in dein Heft.

Es ist wahrscheinlicher, eine blaue als eine grüne Kugel zu ziehen.
Es ist möglich, eine blaue Kugel zu ziehen.
Es ist gleich wahrscheinlich, eine rote oder blaue Kugel zu ziehen.

1 ICH + DU + WIR ▸ Wie viele DIN-A4-Blätter braucht ihr, um euer Klassenzimmer auszulegen? Wie geht ihr vor? Besprecht euch in der Gruppe.

2 So überlegen die Kinder. Erkläre.

Oh je, da müssen wir ja das ganze Klassenzimmer ausräumen!

Das geht auch einfacher! Ich vermesse das Klassenzimmer.

Ein DIN-A4-Papier ist 21 cm breit und 29 cm 7 mm hoch.

29 cm 7 mm | DIN A4

21 cm

3 a) ICH + DU + WIR ▸ Deine Klasse möchte ein großes Gemeinschaftsbild gestalten. Jeder zeichnet auf ein DIN-A4-Blatt. Die Blätter werden anschließend auf der Rückseite mit Klebeband zusammengeklebt. Hat euer Gemeinschaftswerk an der Tafel Platz? Worauf müsst ihr achten?

Wie groß ist unsere Tafel?

Zeichnen wir im Hoch- oder Querformat?

Wie viele Kinder sind wir in der Klasse?

Reicht hier ein Überschlag oder muss ich genau rechnen?

Wie groß ist wohl ein DIN-A3-Blatt?

b) Im Kunstunterricht malt ihr oft auf DIN-A3-Papier. Wo im Klassenzimmer oder im Schulgebäude ist eine geeignete Ausstellungsfläche für euer Gemeinschaftswerk?

Sachsituationen mit Größen lösen und dabei bekannte Bezugsgrößen aus der Erfahrungswelt nutzen

Leichter, schwerer oder gleich schwer?

ICH + DU Findet weitere Gegenstände in eurer Klasse und vergleicht das Gewicht.

	gesch.	gew.
1 Ei	100 g	80 g
1 Banane		
1 Joghurt		
...		

Finde möglichst viele Zerlegungen:
1000 g
= ☐ g + ☐ g

225 g + 420 g + ☐ g
= 1000 g

1 kg = 1000 g
1 Kilogramm
=
1000 Gramm

1 a) **ICH + DU + WIR** Vergleicht eure Schulsachen. Schätzt zuerst, wie schwer sie sind und ordnet sie nach ihrem Gewicht. Beginnt mit dem leichtesten.

b) Überprüft eure Schätzungen mit der Balkenwaage.

Mein Federmäppchen ist schwerer als deines.

Da hab ich wohl wieder meinen Füller vergessen.

2 **Klassenfrühstück**

Jedes Kind bringt etwas für das gemeinsame Frühstück mit: Brot, Brötchen, Butter oder Margarine, Marmelade, ...
Sprecht euch ab.

a) Wie schwer sind die Dinge, die ihr mitgebracht habt? Schätzt zuerst und wiegt dann genau. Zeichnet dazu eine Tabelle wie am Rand.

b) Ordnet die Dinge nach ihrem Gewicht von leicht nach schwer.

Jeder hat außerdem einen Becher, ein Schälchen, einen Teller, Besteck und eine Serviette dabei.

3 Immer 1 Kilogramm (1000 g). Ergänze.

a) 225 g + 420 g + ☐ g

☐ g + 150 g + 360 g

712 g + ☐ g + 150 g

140 g + 470 g + ☐ g

b) 180 g + ☐ g + 28 g

52 g + 844 g + ☐ g

☐ g + 23 g + 150 g

530 g + ☐ g + 86 g

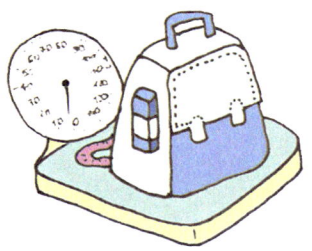

Guter Rat: Rücken grad!

1 a) **ICH + DU + WIR** Wiegt eure gepackten Schultaschen.
Ordnet sie nach ihrem Gewicht. Beginnt mit der schwersten.
Notiert eure Messergebnisse.

b) Wiegt die leeren Ranzen und notiert eure Messergebnisse.
Wie groß ist der Unterschied zwischen den leeren und den
gepackten Schultaschen? Erstellt eine Tabelle.

Gewicht gepackte Schultasche	Gewicht leere Schultasche	Unterschied
3 kg 400 g	1 kg 200 g	2 kg 200 g
…	…	…

c) Vergleicht die Unterschiede.
Was stellt ihr fest?
Warum ist das so? Begründet.

Sei schlau, pack den Ranzen ganz genau!

Kann das sein?
Alle gepackten
Schultaschen
eurer Schule
wiegen so viel
wie ein Pferd.
Begründe.

2 Es ist Montagnachmittag. Hilf Luisa beim Packen der
Schultasche. Was muss unbedingt hinein?
Mache eine Liste und addiere die Gewichte.

	Mo	Di	Mi
1.	Rel	D	M
2.	D	M	M
3.	M	Mu	Rel
4.	HSU	Rel	D
5.	Sport	WG	HSU
6.	Sport	WG	

Federmäppchen   320 g
HA-Heft   50 g
Sprachbuch   …
…

Wiege deine
Bücher, Hefte
und Mäppchen.
Packe deinen
Schulranzen für
den nächsten
Tag. Mache eine
Liste und addiere
die Gewichte.

Die Zutaten reichen für 30 Kuchenstücke.

1 Schreibe zuerst eine vollständige Einkaufsliste.
Achte beim Einkaufen auf die angegebenen Mengen.

Zutaten

250 g Butter
250 g Zucker
6 Eier
250 g gemahlene Nüsse
100 g Mehl
250 g Zartbitter-Schokolade
nach Belieben Schokoglasur
nach Belieben Zuckerstreusel

Einkaufsliste

1 Packung Butter
1 Packung Zucker
6 Eier
...

Für ein kleines Blech brauchst du nur die halbe Menge.
Berechne die Zutaten.

2 Legt zurecht: Küchenwaage, Rührschüssel, Handmixer, Reibe, hohes Backblech, Backpapier, Löffel.
Wiegt die Zutaten auf das Gramm genau ab.

3 So wird der Kuchen gemacht:

Bibus Schokokuchen

1. Den Backofen auf 200 Grad vorheizen, das Backblech mit Backpapier auslegen.

2. Butter, Zucker und Eier in die Rührschüssel geben, mit den Rührstäben des Handmixers schaumig schlagen.

3. Schokolade fein reiben. Gemahlene Nüsse, Mehl und geriebene Schokolade in die Schüssel geben und unterrühren.

4. Den Teig auf dem mit Backpapier ausgelegten Backblech gleichmäßig verteilen.

5. Das Backblech auf der mittleren Schiene in den Backofen schieben, den Kuchen dort 20 Minuten lang backen.

6. Backblech herausnehmen (Vorsicht, heiß!) und den Kuchen auf dem Blech erkalten lassen.

7. Schokoglasur im Wasserbad oder in der Mikrowelle schmelzen (Vorsicht, heiß!) und mit dem Löffelrücken auf dem Kuchen verstreichen.

8. Nach Belieben sofort mit Zuckerstreuseln bestreuen.

4 Für deinen nächsten Kuchen hast du jetzt noch Zutaten übrig, andere musst du wieder einkaufen. Mache dir eine Liste:

Zutat	Packung	verbraucht	Rest	einkaufen
Butter	250 g	250 g	0 g	250 g
Zucker				
Eier				
...				

Wie viele Kuchen kannst du mit einer Packung Zucker insgesamt backen?

1 Da stimmt doch etwas nicht!

3 kg 1 g 85 kg 100 g 15 kg

500 kg 250 g 1 kg 30 kg 1000 kg

Mann: 85 kg

a) Ordne richtig zu und begründe deine Lösung. Vergleiche mit deinem Partnerkind.
b) Ordne die Gewichte von leicht nach schwer. Zeichne eine Tabelle.

	g	kg
Büroklammer	1	
Tafel Schokolade	100	
...		

2 Wie viel Gramm liegen jeweils auf der zweiten Waage? Rechne.

a) 80 g b) 120 g c) 150 g
d) 90 g e) 110 g f) 100 g

40 g, 100 g, 120 g, 150 g, 180 g, 220 g

80 g : 2 = 40 g
40 g · 3 = ☐ g

Erfinde ähnliche Rätsel für „Unser Mathebuch".

3 Jedes Zeichen steht für ein Gewicht.

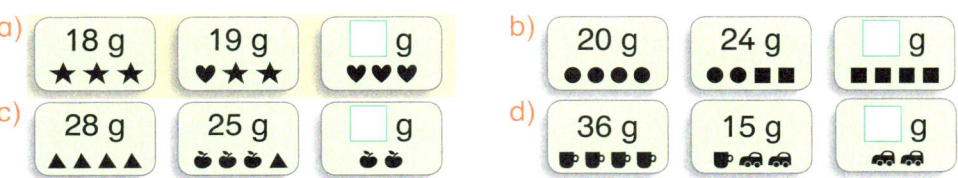

a) 18 g ★★★ 19 g ♥★★ ☐ g ♥♥♥
b) 20 g ●●●● 24 g ●●■■ ☐ g ■■■■
c) 28 g ▲▲▲▲ 25 g 🍎🍎🍎▲ ☐ g 🍎🍎
d) 36 g 15 g ☐ g

18 g : 3 = 6 g
★ = 6 g
19 g – 12 g = ☐ g
♥ = ☐ g

4 Vergleiche die Gewichte und ordne von leicht nach schwer.

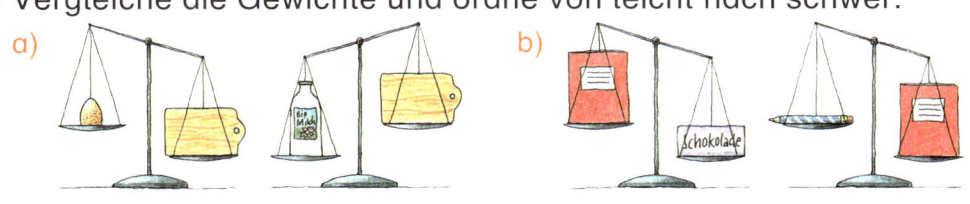

a) b)

Was ist schwerer: 1 kg Federn oder 1 kg Blei? Begründe.

Ich zähle im Kopf langsam mit: 21, 22, 23, …

⏱ Seite 53, Aufgabe 3   Dividieren durch Zehnerzahlen

1 Wie viele Sekunden hat eine Minute? Beobachte eine Minute lang den Sekundenzeiger einer Uhr und zähle mit.

Meine Uhr hat einen Sekundenzeiger. Ich sehe genau, wann eine Minute vorbei ist.

Auf meiner Stoppuhr kann ich die Sekunden auch leicht ablesen.

Wie lange dauert es? Schätze zuerst.
- einen Bleistift anspitzen
- deinen Namen schreiben
- 20 Kniebeugen

2 **ICH + DU** Schließe deine Augen und öffne sie wieder, wenn du glaubst, dass 60 Sekunden vorbei sind. Dein Partnerkind überprüft mit der Uhr. Wechselt euch ab.

3 Betrachte die Stoppuhren. Wie viele Sekunden sind vergangen?

a)    b)    c)    d)    e)

Ich habe es 25 Sekunden lang geschafft!

4 Schätze zuerst, überprüfe dann mit der Stoppuhr: Wie lange …
a) … kannst du die Augen offen halten, ohne zu blinzeln?
b) … kannst du dein Partnerkind ansehen, ohne zu lachen?

5 Wie viele Sekunden sind es? Rechne um.

2 min	10 min	3 min	4 min	7 min	5 min	15 min	12 min

6 Wie viele Minuten sind es? Rechne um.

120 s	360 s	600 s	660 s	240 s	300 s	180 s	540 s

1 Minute hat 60 Sekunden.
1 min = 60 s

1 Stunde hat 60 Minuten.
1 h = 60 min

h steht für lateinisch **h**ora, Stunde.

7 a) 3 min + 90 s + 30 s = ☐   b) 10 min − 150 s − 30 s = ☐
    6 min + 20 s + 40 s = ☐   7 min − 30 s − 90 s = ☐

8 Wer steht am längsten auf einem Bein? Ordne nach der Dauer.

3 min 30 s

240 s

3 min 29 s

Seite 51, Aufgabe 2   Multiplizieren mit Zehnerzahlen

1 Das ist Saras Tagesablauf während der Schulzeit.
Wie sieht dein Tagesablauf aus? Vergleiche.

6.15 Uhr	wecken, aufstehen
6.30 Uhr – 7.00 Uhr	mit dem Hund Gassi gehen
7.00 Uhr	Frühstück
7.25 Uhr – 7.45 Uhr	zur Schule gehen
8.00 Uhr – 13.00 Uhr	Schule
13.30 Uhr	Mittagessen
14.15 Uhr – 15.00 Uhr	Spielen, Toben, mit dem Hund Gassi gehen
15.00 Uhr – 16.30 Uhr	Hausaufgaben machen und lernen
16.30 Uhr – 18.15 Uhr	Freizeit: Spielen, Sport, Musik
18.30 Uhr	Abendessen
19.15 Uhr	umziehen, Bad, Zähne putzen
19.30 Uhr	ins Bett gehen, lesen
20.00 Uhr	Licht aus

Hast du mehr Lernzeit oder mehr Freizeit? Wann gehst du samstags ins Bett, wann sonntags? Wie lange brauchst du für deinen Schulweg? Wann stehst du in den Ferien auf?

2 Nenne den genauen Zeitpunkt. Wann …
a) … frühstückt Sara?
b) … kommt sie in der Schule an?
c) … führt sie morgens ihren Hund spazieren?
d) … macht sie abends das Licht aus?

3 Berechne die Zeitspanne. Wie lange …
a) … geht Sara am Morgen mit ihrem Hund Gassi?
b) … hat Sara Schule?
c) … hat Sara Freizeit?
d) … ist Sara wach?

min	h
6.15 Uhr 7.00 Uhr	20.00 Uhr

ICH + DU ▶ Stelle deinem Partnerkind Fragen zu seinem Tagesablauf. Frage im Wechsel nach Zeitpunkten und Zeitspannen.

Ordne die Zeitspannen nach ihrer Länge. Beginne mit der kürzesten.

4

Anfang	Dauer	Ende	Anfang	Dauer	Ende
10.00 Uhr	4 h	☐ Uhr	18.20 Uhr	4 h 40 min	☐ Uhr
☐ Uhr	2 h 30 min	13.30 Uhr	☐ Uhr	3 h 42 min	21.12 Uhr
8.00 Uhr	☐	11.15 Uhr	6.15 Uhr	☐	7.00 Uhr

5 Sara wohnt in Siebenbrück am Seehaus.
a) Welchen Bus muss sie morgens zur Schule nehmen?
b) Wann kommt sie in Rechenberg an der Schule an?
c) Wie lange ist sie mit dem Bus unterwegs?

Siebenbrück – Würflingen – Rechenberg						
	Montag bis Freitag					
Verkehrsbeschränkung			S	F		S
Siebenbrück, Bahnhof	6.35	7.00	7.25	7.35	8.00	8.25
Siebenbrück, Seehaus	6.37	7.02	7.27	7.37	8.02	8.27
Würflingen, Marktplatz	6.42	7.07	7.32	7.42	8.07	8.32
Würflingen, Post	6.44	7.09	7.34	7.44	8.09	8.34
Rechenberg, Schule	6.51	7.16	7.41	7.51	8.16	8.41
Rechenberg, Bahnhof	6.55	7.20	7.45	7.55	8.20	8.45

S – nur an Schultagen   **F** – in den Ferien

Passende Rechnung wählen

Was würdest du kaufen? Was kostet das insgesamt?

1 ICH + DU + WIR ▶ Erzählt, was ein Hund alles braucht. Denkt auch an Zuwendung, Pflege, Steuern, ...

Franzi will für ihre Katze Minka Dosenfutter kaufen. In der Tierhandlung findet sie folgende Angebote:

Katzenfutter	Preis
1 Dose „Rind" (100 g)	0,25 €
20er-Pack „Rind" (je 100 g)	10,00 €
1 Dose „Lachs" (400 g)	0,35 €
10er-Pack „Lachs" (je 400 g)	6,40 €

Was Hunde brauchen

Grundausstattung
Hundekorb 65,00 €
Halsband 14,00 €
Leine 12,50 €
Hundebürste 10,00 €

Futter und Zubehör
Trockenfutter 2 kg 3,20 €
Dosenfutter (Einzelpreis) 0,80 €
Napf 7,50 €
Kauknochen 1,20 €
Spielzeugball 3,20 €
Hundebuch 15,00 €

Sonstige Kosten
Versicherung und Hundesteuer der Gemeinde Rechenberg, jährlich 100 €
Tierarzt: Impfen und Entwurmen jährlich 110 €

a) F: Welches Angebot ist pro 100 g das günstigste?
b) Entdeckst du einen Zusammenhang zwischen Menge und Preis?

Erzähle zuerst. Welche Rechnung passt?
Schreibe immer Frage (F), Rechnung (R), Antwort (A).

2 Familie Schäfer kauft einen Beaglewelpen und die passende Grundausstattung.
F: Wie viele Euro muss Familie Schäfer insgesamt bezahlen?

3 Leila kauft für ihren Terrier Seppl einen Spielzeugball, einen Napf und einen Kauknochen.
F: Wie viele Euro muss Leila insgesamt bezahlen?

4 Andis Labrador Beppo braucht jeden Tag eine Dose Futter.
F: Wie viele Euro kostet das Dosenfutter für eine Woche?

5 Im Monat frisst Frau Tierliebs Dackel 4 kg Trockenfutter.
F: Wie viele Euro kostet das Futter für eine Woche?

Erst spielen oder erzählen, dann die Rechnung wählen.

6 Erfinde eine eigene Rechengeschichte zum Bild oben.

Einfache Skizzen

7 Antonia besucht ihren Onkel in Münster. Sie fährt mit dem Zug um 10.29 Uhr in Regensburg los.

F: Wie lange ist Antonia unterwegs?

Bahnhof/Haltestelle		Zeit	Gleis
Regensburg Hbf	ab	10.29 Uhr	5
Frankfurt (Main) Hbf	an	13.40 Uhr	3
	Umsteigezeit 4 Min.		
Frankfurt (Main) Hbf	ab	13.44 Uhr	2
Münster (Westf) Hbf	an	17.56 Uhr	12

a) **ICH + DU + WIR** ▸ Erstellt eine einfache Skizze (S).
Wie geht ihr vor?

b) Welche Skizze ist einfach und klar? Erkläre und zeichne.

S1:

```
10.29 Uhr                          17.56 Uhr
 ├─────────────────────────────────┤
Ab Regensburg                     An Münster
                                      Lukas
```

S2:

c) Rechne (R) und antworte (A).

8 Antonia besucht mit ihrer Cousine den Zoo in Münster. Sie fahren mit dem Bus um 9.48 Uhr ab und steigen 25 Minuten später vor dem Zoo aus. Nach 50 Minuten kaufen sie ein Eis. Eine halbe Stunde später gehen sie zur Elefantenfütterung. 15 Minuten später haben sie Hunger und machen 10 Minuten Pause. Sie besichtigen den Zoo noch 1 Stunde 45 Minuten, dann fahren sie zurück. Die Rückfahrt dauert genauso lange wie die Hinfahrt.

F: Wann kommen sie zu Hause an?
Zeichne eine Skizze, rechne und antworte.

9 Schreibe zu der Geschichte in Aufgabe 8 noch drei weitere Fragen auf.

Wohin möchtest du fahren? Suche im Internet eine Zugverbindung und berechne, wie lange du unterwegs bist. Zeichne eine Skizze dazu.

➜ S. 135

Wie lange ist die reine Fahrzeit? Erkans Skizze hilft dir. Was fehlt? Zeichne ab, ergänze und rechne.

Wie lange sind Antonia und ihre Cousine insgesamt unterwegs?
S, R, A

Zeichne einfach, zeichne klar, schon stellt sich die Lösung dar.

Daten sammeln und vergleichen

Das ist unser Stundenplan. Wie sieht deiner aus?

1 **ICH + DU + WIR** Diese Tabelle kennt jedes Schulkind. Was könnt ihr daraus ablesen? Erzählt.

	Mo	Di	Mi	Do	Fr
1.	M	HSU	D	D	M
2.	D	M	M	REL/ETH	E
3.	HSU	D	MU	HSU	D
4.	MU	REL/ETH	SP	M	SP
5.	E	SP	WG	KU	REL/ETH
6.		D	WG		

ICH + DU Stellt euch weitere Fragen zur Tabelle und begründet eure Antworten.

2 Welche Fragen (3) kannst du beantworten? Begründe.
a) Wie oft haben die Kinder Deutsch?
b) An welchen Tagen brauchen sie ihre Sportsachen?
c) Welches ist Samuels Lieblingsfach?
d) Luisa singt gerne. An welchen Tagen geht sie besonders gerne in die Schule?
e) Um wie viel Uhr beginnt der Mathematikunterricht am Dienstag?

In einer Tabelle kann ich das Gleiche kurz und übersichtlich aufschreiben.

3 Franzi erzählt: „In unserer Schule gibt es vier dritte Klassen. In die Klasse 3a gehen 24 Kinder, 15 Mädchen und 9 Jungen. In der 3b sind 21 Kinder, 11 Mädchen und 10 Jungen. In der 3c sind 12 Mädchen und 13 Jungen, insgesamt 25 Kinder. Die 3d hat 29 Kinder, 13 Mädchen und 16 Jungen."

Klasse	Mädchen	Jungen	insgesamt
3a	15	9	24
3b	…	…	…

a) Zeichne die Tabelle in dein Heft ab.
b) Vervollständige die Tabelle für die anderen Klassen.
c) Christian hat zu der Tabelle dieses Schaubild gezeichnet. Vergleiche die Tabelle und das Schaubild. Welche Darstellung findest du besser? Begründe.

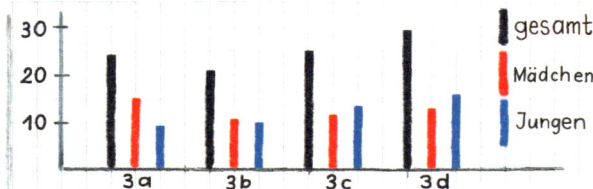

Vergleiche deine Tabelle mit Christians Tabelle aus Aufgabe 3. Was ist gleich? Was ist anders?

4 Fertige eine eigene Tabelle für deine Schule an. Zeichne ein Schaubild dazu. Beantworte die folgenden Fragen:
F1: Wie viele dritte Klassen gibt es an deiner Schule?
F2: Wie viele Jungen und wie viele Mädchen sind in jeder Klasse?
F3: Wie viele Kinder sind es insgesamt?

Daten aus verschiedenen Quellen entnehmen und deren Bedeutung beschreiben

5 Die Kinder der Klasse 3a haben ihre Mitschüler befragt.
Zeichne zu der Strichliste ein Balkendiagramm.

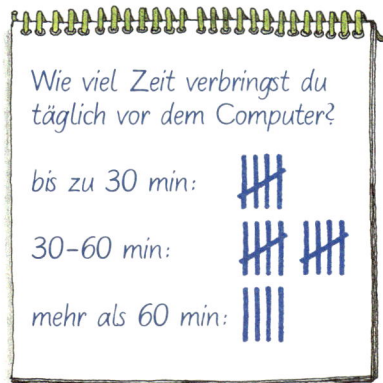

Wie viel Zeit verbringst du täglich vor dem Computer?

bis zu 30 min: |||| ||||

30–60 min: |||| |||| ||||

mehr als 60 min: ||||

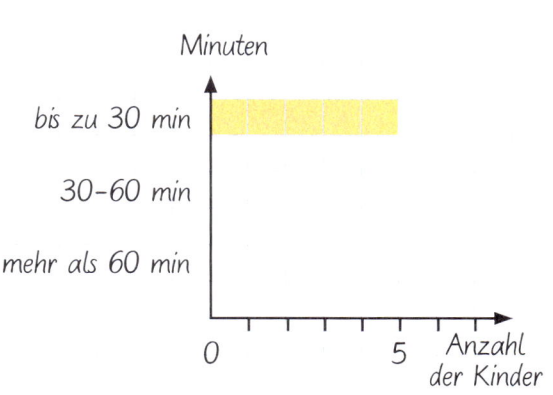

➔ S. 134

Um ein Schaubild zu zeichnen, brauchst du gespitzte Stifte und ein Lineal.

6 Wie viel Zeit verbringen die Kinder deiner Klasse täglich vor dem Computer? Erstelle eine Strichliste und zeichne ein Balkendiagramm wie in Aufgabe 5.

Vergleiche das Schaubild deiner Klasse mit dem Schaubild aus Aufgabe 5. Wodurch unterscheiden sie sich?

7 Wie lange darfst du pro Tag fernsehen?
So haben die Kinder der Klasse 3b geantwortet.

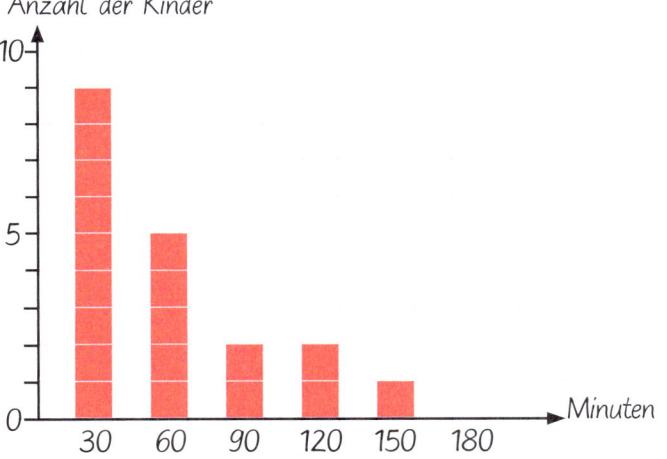

a) **ICH + DU** Erkläre deinem Partnerkind das Säulendiagramm.
b) F: Wie viele Kinder dürfen länger als 1 Stunde pro Tag fernsehen?
c) F: Wie viele Kinder dürfen höchstens 1 Stunde am Tag fernsehen?

30 Minuten pro Tag. Wie viele Minuten sind das wohl in der Woche?

➔ S. 135

ICH + DU Findet weitere Fragen zum Diagramm und begründet eure Antworten.

8 Wie lange dürfen die Kinder in deiner Klasse fernsehen?
Erstelle eine Strichliste und zeichne ein Säulendiagramm wie in Aufgabe 7.

→ S. 135

1 Die Kinder der Klasse 3a haben ein Kreisdiagramm erstellt.

Anzahl der verbrauchten Getränke

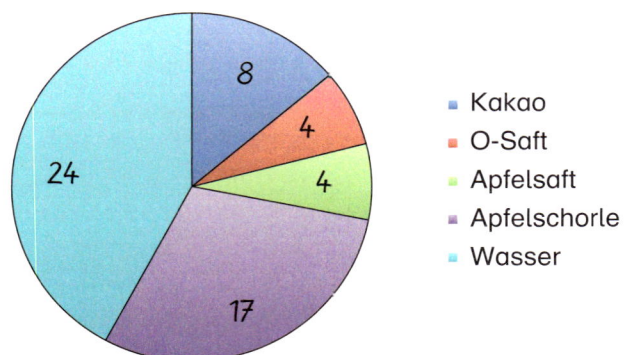

- Kakao
- O-Saft
- Apfelsaft
- Apfelschorle
- Wasser

a) **ICH + DU + WIR** Betrachtet das Kreisdiagramm.
Welche Informationen könnt ihr daraus entnehmen?

b) Wie viel Wasser, Apfelschorle, Apfelsaft, Orangensaft und Kakao haben die Kinder der Klasse 3a getrunken?

c) Wie viele Getränke wurden insgesamt verbraucht?

ICH + DU Stellt euch weitere Fragen zum Kreisdiagramm und begründet eure Antworten.

2 Das haben die Kinder aus Klasse 3b getrunken:

> Die Kinder tranken am Montag 9 Mineralwasser, 4 Kakao, 6 Apfelschorle und 5 Orangensaft. Am Dienstag waren es 13 Mineralwasser, 6 Kakao, 2 Apfelschorle und 3 Milch.
> Am Mittwoch brachten 5 Kinder Milch, 7 Kinder Orangensaft, 1 Kind Kirschsaft und 12 Kinder Mineralwasser mit.
> Am Donnerstag tranken die Kinder 4 Orangensaft, 3 Kakao, 10 Mineralwasser, 2 Milch und 6 Apfelschorle.
> Am Freitag tranken die Kinder 9 Mineralwasser, 8 Kakao, 3 O-Saft, 2 Maracujasaft und 2 Apfelschorle.

Das kann ich übersichtlicher darstellen! Hier ist meine Tabelle.

	Apfel-schorle	Mineral-wasser	O-Saft	Kakao	Milch	sonstige Getränke	insg.
Mo	6	9	5	4			24
Di	2	13		6	3		24
Mi							
Do							
Fr							

a) Übertrage die Tabelle in dein Heft und vervollständige sie.

b) Trinkt die Klasse 3b gesunde Getränke?

3 Welche Getränke trinken die Kinder in deiner Klasse in einer Woche? Erstelle eine Tabelle wie in Aufgabe 2.
Übertrage die Daten am Ende der Woche in ein Balkendiagramm.

Vergleiche deine Tabelle mit der Tabelle aus Aufgabe 2. Was ist gleich?
Was ist anders?

4 **ICH + DU + WIR** Vergleicht das Balkendiagramm mit der Tabelle. Besprecht Vor- und Nachteile.

Daten sammeln und vergleichen; Daten in eine geeignete Darstellungsform übertragen

⑤

	HH	B	F	M	S
HH	–	279 km	509 km	772 km	668 km
B	279 km	–	564 km	596 km	631 km
F	509 km	564 km	–	412 km	200 km
M	772 km	596 km	412 km	–	210 km
S	668 km	613 km	200 km	210 km	–

In der Tabelle stehen die Entfernungen der wichtigsten
Städte in Deutschland zueinander: Hamburg (HH), Berlin (B),
Frankfurt (F), München (M) und Stuttgart (S).
a) Wie viele km sind es von Hamburg nach München?
b) Wie viele km sind es von Frankfurt nach Stuttgart?
c) Wie viele km sind es von Berlin nach Hamburg?

⑥ a) Runde die Entfernungen der Städte aus Aufgabe 5 auf volle
Zehner.
b) Erstelle mit den gerundeten Zahlen ein Balkendiagramm.

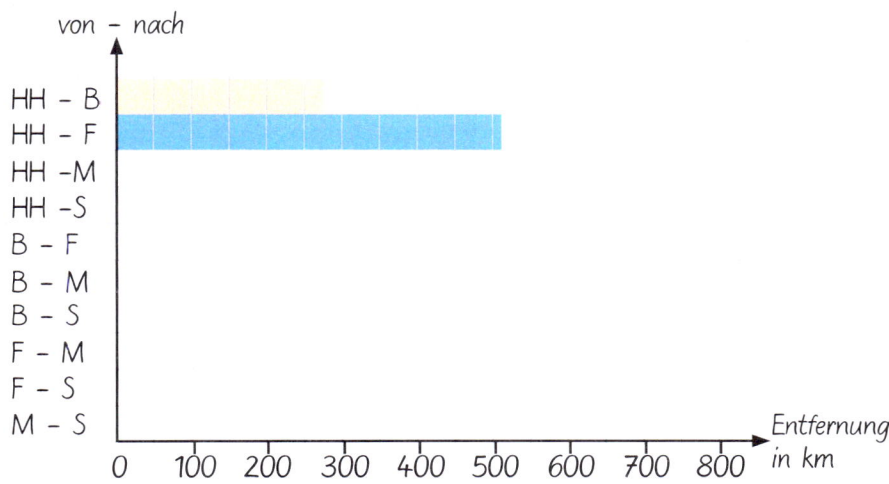

⑦ Lege eine Tabelle zu den Fahrtzeiten in deinem Heft an.

HH – B: 3 h 15 min	HH – F: 5 h 10 min

	HH	B	...
HH	–	3 h 15 min	
...			

HH – M: 7 h 45 min	HH – S: 6 h 25 min

B – F: 6 h 15 min	B – M: 6 h 45 min	B – S: 6 h 40 min

F – M: 4 h 45 min	F – S: 2 h	M – S: 2 h 25 min

⑧ Suche im Internet nach der Entfernung der größten Städte
Bayerns zueinander: München, Nürnberg, Augsburg,
Regensburg, Ingolstadt.
a) Erstelle eine Tabelle wie in Aufgabe 5.
b) Runde die Entfernungen auf volle Zehner und erstelle mit
den gerundeten Zahlen ein Balkendiagramm.
c) Lege eine Tabelle zu den Fahrzeiten an und vergleiche die
Tabelle mit dem Balkendiagramm in b).

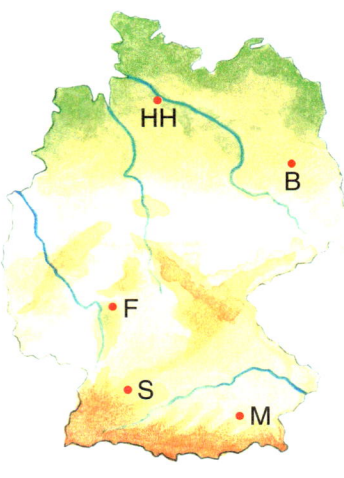

ICH + DU
Stellt euch
weitere Fragen
zur Tabelle und
begründet eure
Antworten.

HH – B:
279 km ≈ 280 km

Ich zeichne
für jeden
Zehner einen
Millimeter.

Vergleiche die
Tabelle zu den
Fahrtzeiten mit
der Tabelle zu
den Entfernungen
aus Aufgabe 5.
Was stellst du
fest?
… je mehr km …
desto …

| 20 € | 20 € | 10 € |

1 **ICH + DU + WIR** Welche Geldbeträge könnt ihr mit 3 dieser 5 Geldscheine legen? Probiert aus. Notiert und vergleicht eure Ergebnisse. Eine Tabelle kann euch helfen.

10 €	20 €	20 €	50 €	100 €	Geldbetrag
X	X	X			50 €
X	X		X		80 €

2 Du kannst mit verschiedenen Geldscheinen denselben Geldbetrag bilden.

30 €: [20][10] oder [10][10][10] oder [20][5][5]

Finde für die folgenden Geldbeträge viele Möglichkeiten.

a) 90 €   b) 240 €   c) 1000 €

3 Lege die Geldbeträge mit der vorgegebenen Anzahl an Geldscheinen. Notiere deine Lösungen.

a) 50 €: 3 Geldscheine   b) 140 €: 4 Geldscheine

c) 70 €: 3 Geldscheine   d) 200 €: 4 Geldscheine

e) 190 €: 5 Geldscheine   f) 90 €: 17 Geldscheine

g) 250 €: 6 Geldscheine   h) 300 €: 7 Geldscheine

i) 100 €: 6 Geldscheine   j) 500 €: 13 Geldscheine

4 **ICH + DU + WIR** Welche Zahlen (6) könnt ihr mit den Ziffern [2], [5] und [8] legen? Jede Zahl soll nur einmal vorkommen. Probiert aus. Wie könnt ihr eure Ergebnisse übersichtlich notieren? Tauscht euch aus.

→ S. 134

5 a) Emil zeichnet ein Baumdiagramm. Zeichne ab und ergänze.

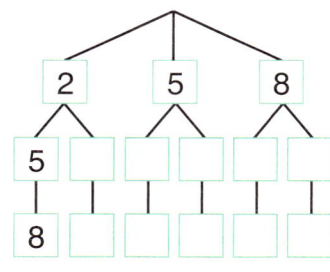

b) Emil nimmt zu seinen drei Ziffernkarten noch eine [5] dazu. Welche dreistelligen Zahlen (12) kann er nun legen, wenn die Ziffer 5 auch doppelt vorkommen darf?

c) Emil legt mit den vier Karten vierstellige Zahlen. Hat er mehr, weniger oder gleich viele Möglichkeiten wie bei Aufgabe b)? Begründe.

Suche dir vier Ziffernkarten aus. Finde alle möglichen vierstelligen Zahlen.

Anzahl verschiedener Möglichkeiten bei kombinatorischen Aufgabenstellungen bestimmen

6 **ICH + DU + WIR** Wie viele verschiedene Möglichkeiten hat Tina, sich anzuziehen? Wie könnt ihr das durch Rechnen herausfinden?
Tina hat:

H1   H2   T3   T1   T2   R1   R2

Hut (H)
Rock (R)
T-Shirt (T)

Zum Geburtstag bekommt Tina noch einen Hut. Wie viele Möglichkeiten hat sie jetzt?

7 So zeichnet und rechnet Jakob. Erkläre. Zeichne und rechne weiter.

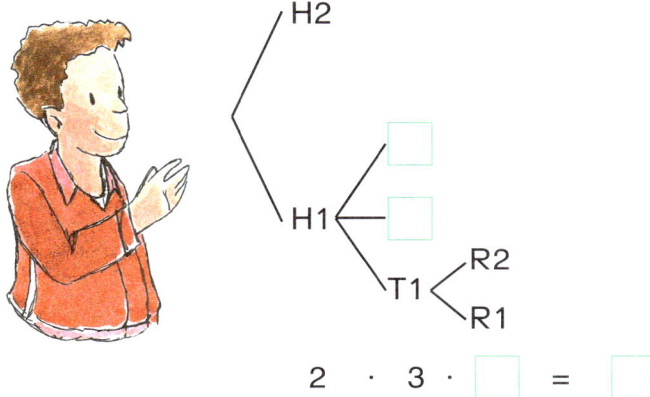

H2

H1 ⟨ ☐
     ☐
   T1 ⟨ R2
        R1

2 · 3 · ☐ = ☐

Ich rechne zuerst 2 · 3 = ☐. Dann rechne ich mit dem Ergebnis weiter.

8 Tina hat noch zwei Paar Schuhe zur Auswahl. Wie viele Möglichkeiten hat sie jetzt?
Rechne zuerst. Zeichne dann ein passendes Baumdiagramm.

S1   S2

9 Steffi deckt den Frühstückstisch.
Sie hat:

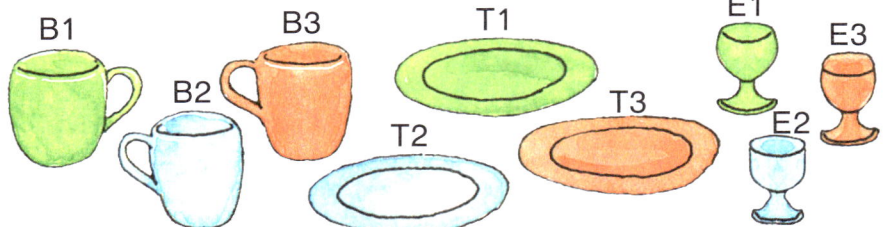

B1   B3   T1   E1   E3
B2   T2   T3   E2

Wie viele Möglichkeiten hat Steffi, um ein Gedeck aus Becher (B), Teller (T) und Eierbecher (E) zusammenzustellen?
Zeichne und rechne.

Jaguar

Leopard

Tiger

Löwe

Wie viel Geld muss der Zoo für die Nahrung der Tiere im Jahr ausgeben? Überlege: Wie viele Kilogramm Fleisch fressen die Raubkatzen pro Jahr? Wie viel kostet das? Reicht ein Überschlag oder rechnest du genau?

1 Im Zoo von Rechenberg leben vier Großkatzenarten:

Löwe Luis wiegt 220 kg. Er hat eine Schulterhöhe von 110 cm und eine Länge von 240 cm.

Tiger Tack wiegt 250 kg, ist 290 cm lang und hat eine Schulterhöhe von 90 cm.

Die Schulterhöhe von Leopard Pardo beträgt 75 cm, er ist 220 cm lang und hat ein Gewicht von 100 kg.

Jaguar Jaggi wiegt 90 kg, hat eine Schulterhöhe von 70 cm und eine Länge von 230 cm.

a) Zeichne eine Tabelle, die alle wichtigen Informationen enthält.

b) Beschreibe und vergleiche die Tiere.
   Finde so viele Vergleiche wie möglich.
   Der Tiger ist am …
   Der Tiger ist um … größer als der …
   Der Löwe wiegt … mehr als der …
   Der Leopard wiegt … weniger als der …

2 **ICH + DU** Sucht in einem Tierlexikon oder im Internet nach großen Affenarten.
   a) Schreibt dazu Steckbriefe wie in Aufgabe 1.
   b) Erstellt eine Tabelle mit den wichtigsten Informationen.
   c) Beschreibt und vergleicht die Tiere.

3 Schreibe weitere Steckbriefe zu großen Tieren.

Größen vergleichen

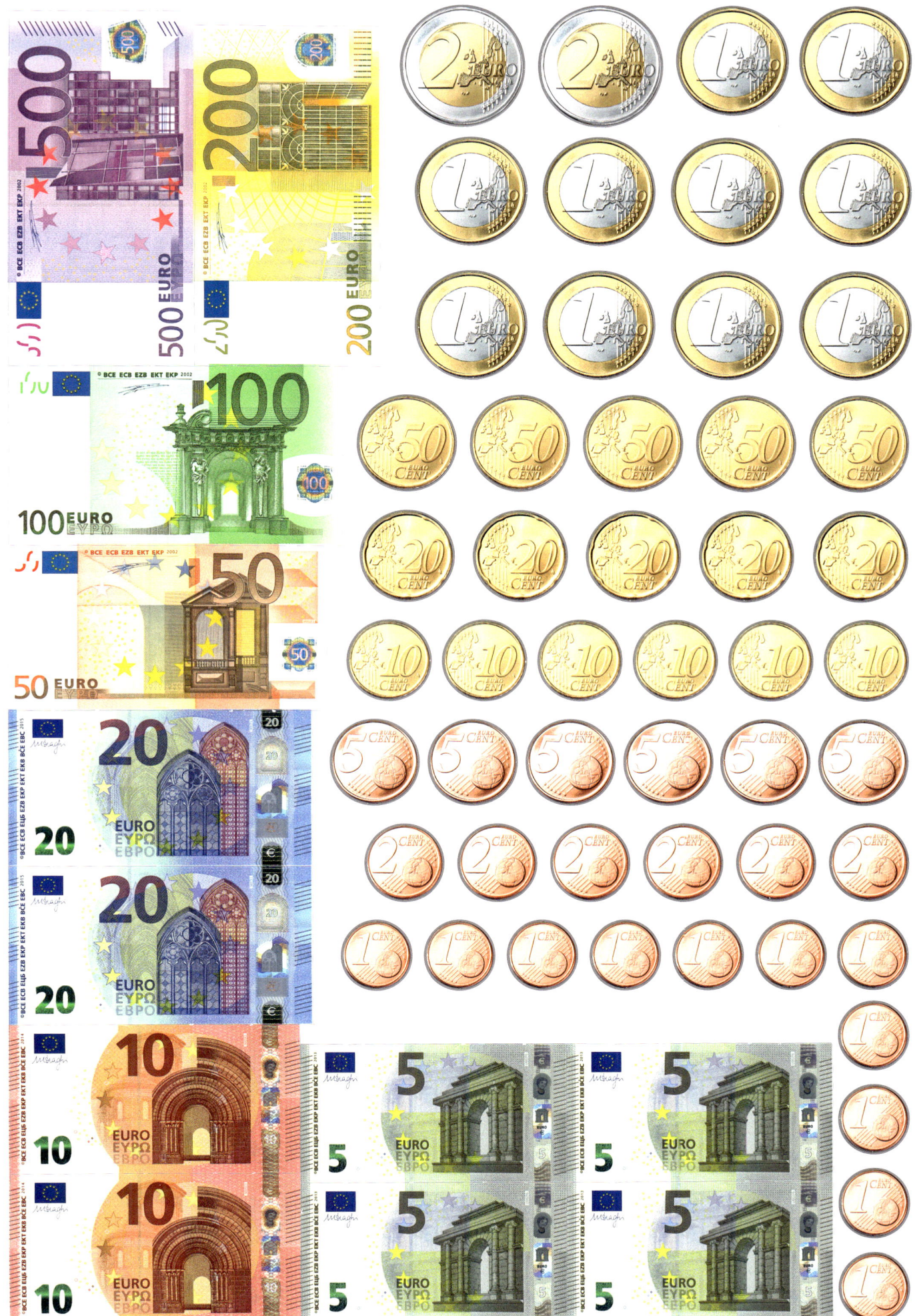

220003542

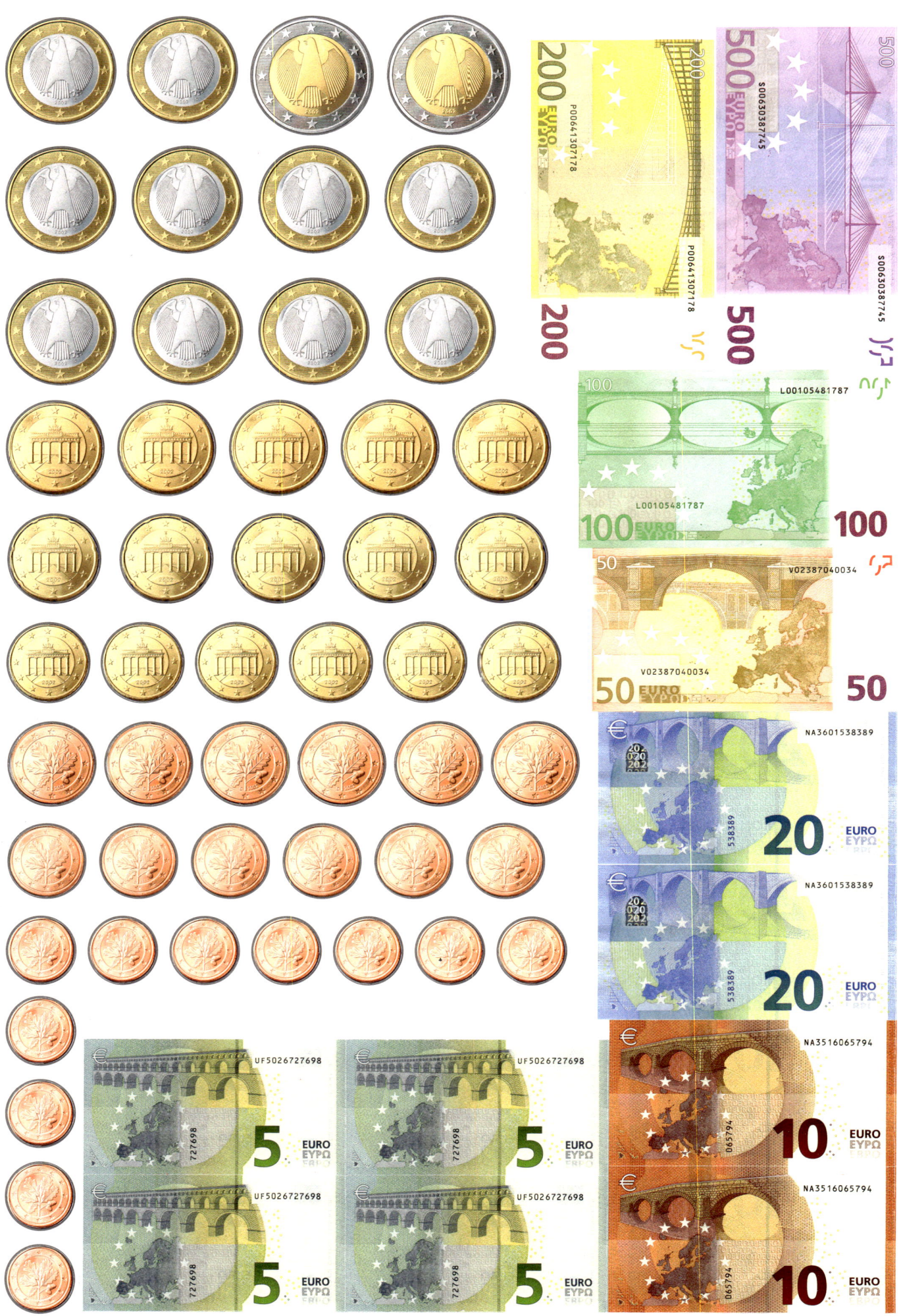

220003542

1 | 324 g | 20 g | 4 g | 162 g | 428 g | 695 g | 983 g |

a) Ordne die Gewichtsangaben von leicht nach schwer.
b) Wie viele Gramm fehlen bis zum vollen Kilogramm? Ergänze.

2 Ordne die Gewichtsangaben vom Rand passend zu.

1 Packung Butter   1 Schultasche   1 mittelgroßer Hund

1 Pferd   1 neunjähriges Kind   1 Tüte Zucker

3 Marie hat eingekauft.
Wie viel wiegt ihre volle Tasche?

4 Wandle um.

min	4 min			6 min	7 min		
s		180 s	300 s			540 s	660 s

5 Wie viele Sekunden sind vergangen?

a)   b)   c)   d)   e)

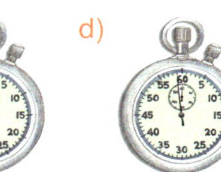

6 Leila braucht 25 Minuten zur Schule. Sie geht um 7.25 Uhr los.
Schreibe Frage (F), Skizze (S), Rechnung (R), Antwort (A).
a) F: Wann ist sie in der Schule?
b) F: Wann muss sie losgehen, wenn sie schon um 7.40 Uhr in der Schule sein möchte?

7 Zeichne die Tabelle ab und ergänze.

Anfang	13.00 Uhr	14.50 Uhr		17.45 Uhr	7.40 Uhr	19.51 Uhr
Dauer	6 h		5 h 20 min	2 h 24 min	7 h 37 min	
Ende		18.20 Uhr	16.30 Uhr			22.45 Uhr

8 In der Klasse 3a spielen 7 Kinder Flöte, 4 Kinder Klavier,
1 Kind Geige und 5 Kinder Gitarre. 2 Kinder davon spielen
sowohl Flöte als auch Klavier.
a) Zeichne ein Balkendiagramm.
b) F: Wie viele Kinder in der Klasse 3a spielen ein Instrument?

Bearbeite immer eine Aufgabe. Wie konntest du sie lösen? Male im Heft passend dazu:
☺ ☺ ☹

1 kg	250 g

3 kg

15 kg	500 kg

30 kg

*Alles fertig?
Überprüfe mit
Seite 128.*

Überprüfen und üben 5

Mit diesen Aufgaben
kannst du üben:

→ S. 112/2, 3

→ S. 115/1

→ S. 113/2

→ S. 116/5, 6

→ S. 116/3

→ S. 117/2, 3

→ S. 117/4

→ S. 122/1

① | 324 g | 20 g | 4 g | 162 g | 428 g | 695 g | 983 g |

a) Ordne die Gewichtsangaben von leicht nach schwer.
   4 g < 20 g < 162 g < 324 g < 428 g < 695 g < 983 g
b) Wie viele Gramm fehlen bis zum vollen Kilogramm? Ergänze.
   676 g   980 g   996 g   838 g   572 g   305 g   17 g

② Ordne die Gewichtsangaben vom Rand passend zu.

1 Packung Butter   1 Schultasche   1 mittelgroßer Hund
      250 g   *3 kg*   *15 kg*

1 Pferd   1 neunjähriges Kind   1 Tüte Zucker
   500 kg   *30 kg*   *1 kg*

③ Marie hat eingekauft.
Wie viel wiegt ihre volle Tasche?

④ Wandle um.

min	4 min	3 min	5 min	6 min	7 min	9 min	11 min
s	240 s	180 s	300 s	360 s	420 s	540 s	660 s

⑤ Wie viele Sekunden sind vergangen?

a) 25 s   b) 17 s   c) 31 s   d) 59 s   e) 44 s

⑥ Leila braucht 25 Minuten zur Schule. Sie geht um 7.25 Uhr los.

a) F: Wann ist sie in der Schule?   S: ⌒ + 25 min ⌒
   A: Um 7.50 Uhr ist sie in der Schule.   7.25 Uhr   7.50 Uhr
b) F: Wann muss sie losgehen, wenn sie schon um 7.40 Uhr in
   der Schule sein möchte?   S: ⌒ − 25 min ⌒
   A: Sie muss um 7.15 Uhr losgehen, wenn   7.15 Uhr   7.40 Uhr
   sie schon um 7.40 Uhr in der Schule sein
   möchte.

⑦ Zeichne die Tabelle ab und ergänze.

Anfang	13.00 Uhr	14.50 Uhr	11.10 Uhr	17.45 Uhr	7.40 Uhr	19.51 Uhr
Dauer	6 h	3 h 30 min	5 h 20 min	2 h 24 min	7 h 37 min	2 h 54 min
Ende	19.00 Uhr	18.20 Uhr	16.30 Uhr	20.09 Uhr	15.17 Uhr	22.45 Uhr

⑧ a)

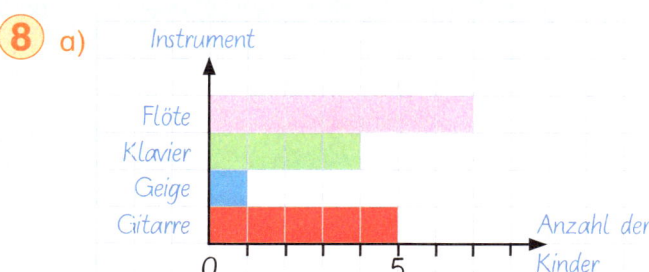

b) *R: 7 + 4 + 1 + 5 = 17*
   17 − 2 = 15
   A: 15 Kinder in Klasse 3a
   spielen ein Instrument.

1 A  B C

ICH Ziehe blind aus jedem Tütchen 20-mal ein Gummibärchen und lege es wieder zurück. Vermute zuerst, welche Farbe du am häufigsten ziehst. Notiere deine Ergebnisse.
DU + WIR Vergleiche deine Ergebnisse mit denen anderer Kinder. Was stellst du fest? Notiere deine Entdeckungen.

ICH + DU + WIR
Zieht jeweils 5-mal aus den Tütchen, ohne die Gummibärchen zurückzulegen. Wie verändern sich eure Ergebnisse? Erklärt.

2 Vermute, aus welchen Tütchen aus Aufgabe 1 die Kinder gezogen haben. Begründe.

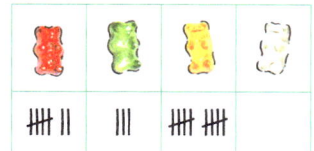 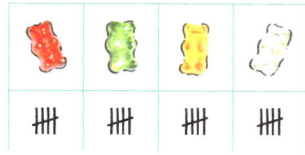 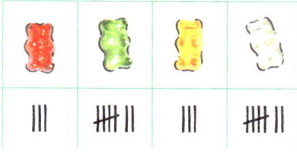

Ben				Steffi				Hannes			
IIII II	III	IIII IIII		IIII	IIII	IIII	IIII	III	IIII II	III	IIII II

Verändere Tütchen A so, dass die Wahrscheinlichkeit ein weißes Gummibärchen zu ziehen, am höchsten ist.

3 **ICH + DU + WIR** Betrachtet die Tütchen in Aufgabe 1. Stimmen die Aussagen? Begründet schriftlich.
a) Bei Tütchen C ist es gleich wahrscheinlich, ein rotes oder gelbes Gummibärchen zu ziehen.
b) Die Wahrscheinlichkeit ein rotes Gummibärchen zu ziehen, ist bei Tütchen B am geringsten.
c) Bei Tütchen A und B ist es gleich wahrscheinlich, ein gelbes Gummibärchen zu ziehen.
d) Es ist unmöglich, bei Tütchen C ein weißes Gummibärchen zu ziehen.

Überprüfe die Aussagen handelnd und finde weitere richtige Aussagen.

4 a) **ICH** Würfle 20-mal mit zwei Würfeln und multipliziere jeweils die Augenzahlen. Welche Ergebnisse erhältst du?
b) **DU + WIR** Vergleiche deine Ergebnisse mit denen anderer Kinder. Was stellst du fest?
c) Überlege: Welche Ergebnisse sind möglich, welche sind unmöglich? Notiere alle mögliche Würfelkombinationen und Ergebnisse übersichtlich in deinem Heft.

Tipp: Lege deine Würfelergebnisse in einer Einmaleinstabelle an.

$6 \cdot 4 = 24$

$\boxed{\cdot}\,\boxed{\cdot}\ 1 \cdot 1 = 1$
$\boxed{\cdot}\,\boxed{\cdot\cdot}\ 1 \cdot 2 = 2$
...

5 a) **ICH + DU + WIR** Würfelt 20-mal mit zwei Würfeln und addiert jeweils die Augenzahlen. Welche Ergebnisse erhaltet ihr? Vergleicht. Was stellt ihr fest?
b) Setze die Begriffe passend ein: sicher, möglich, unmöglich
Es ist [   ] das Ergebnis 1 zu erhalten.
Es ist [   ] kein Ergebnis größer als 12 zu erhalten.
Es ist [   ] das Ergebnis 11 zu erhalten.

Schreibe weitere Aussagen zu sicher, möglich und unmöglich.

1 Schreibe zu jedem Rechentrick noch fünf weitere Beispiele.

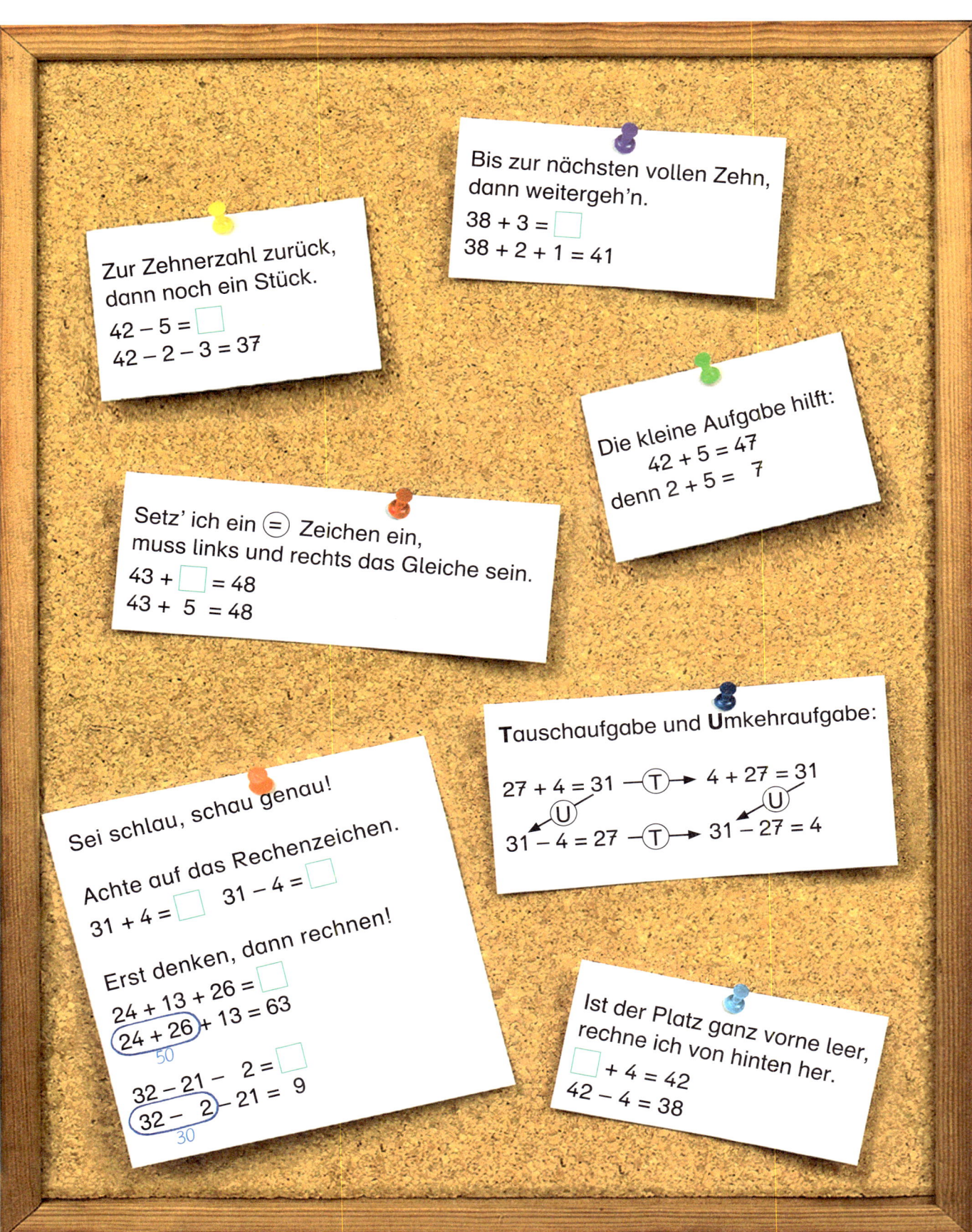

Bis zur nächsten vollen Zehn, dann weitergeh'n.

$38 + 3 = \square$

$38 + 2 + 1 = 41$

Zur Zehnerzahl zurück, dann noch ein Stück.

$42 - 5 = \square$

$42 - 2 - 3 = 37$

Die kleine Aufgabe hilft:

$42 + 5 = 47$

denn $2 + 5 = 7$

Setz' ich ein $=$ Zeichen ein, muss links und rechts das Gleiche sein.

$43 + \square = 48$

$43 + 5 = 48$

Tauschaufgabe und Umkehraufgabe:

$27 + 4 = 31 \xrightarrow{T} 4 + 27 = 31$

$31 - 4 = 27 \xrightarrow{T} 31 - 27 = 4$

Sei schlau, schau genau!

Achte auf das Rechenzeichen.

$31 + 4 = \square \qquad 31 - 4 = \square$

Erst denken, dann rechnen!

$24 + 13 + 26 = \square$

$\underbrace{24 + 26}_{50} + 13 = 63$

$32 - 21 - 2 = \square$

$\underbrace{32 - 2}_{30} - 21 = 9$

Ist der Platz ganz vorne leer, rechne ich von hinten her.

$\square + 4 = 42$

$42 - 4 = 38$

1 Schreibe zu jedem Rechentrick noch fünf weitere Beispiele.

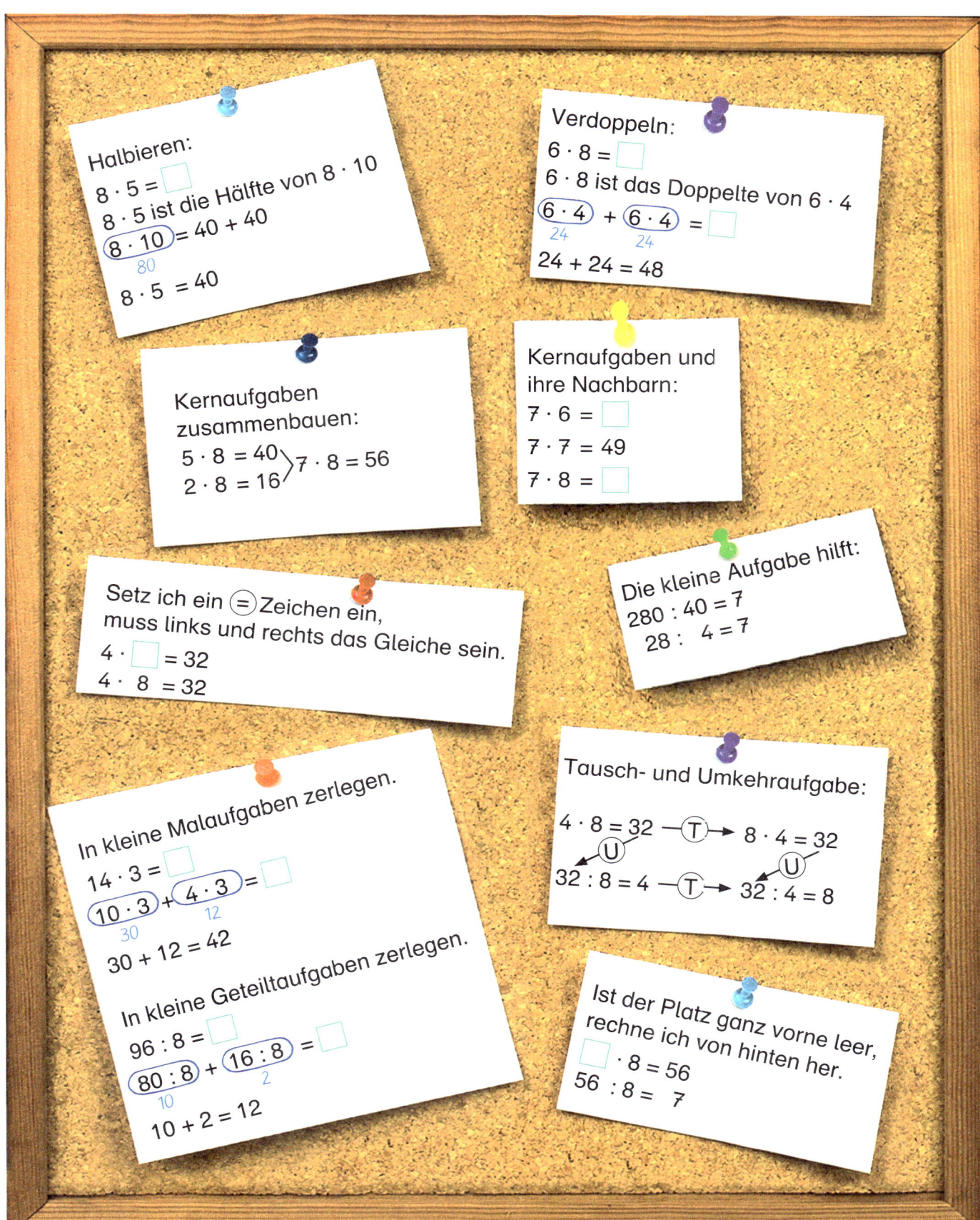

Halbieren:

$8 \cdot 5 = \square$
$8 \cdot 5$ ist die Hälfte von $8 \cdot 10$
$\underline{8 \cdot 10} = 40 + 40$
  80
$8 \cdot 5 = 40$

Verdoppeln:

$6 \cdot 8 = \square$
$6 \cdot 8$ ist das Doppelte von $6 \cdot 4$
$\underline{6 \cdot 4} + \underline{6 \cdot 4} = \square$
  24 24
$24 + 24 = 48$

Kernaufgaben zusammenbauen:

$\left.\begin{array}{l} 5 \cdot 8 = 40 \\ 2 \cdot 8 = 16 \end{array}\right\rangle 7 \cdot 8 = 56$

Kernaufgaben und ihre Nachbarn:

$7 \cdot 6 = \square$
$7 \cdot 7 = 49$
$7 \cdot 8 = \square$

Setz ich ein $=$ Zeichen ein, muss links und rechts das Gleiche sein.

$4 \cdot \square = 32$
$4 \cdot 8 = 32$

Die kleine Aufgabe hilft:

$280 : 40 = 7$
$28 : 4 = 7$

In kleine Malaufgaben zerlegen.

$14 \cdot 3 = \square$
$\underline{10 \cdot 3} + \underline{4 \cdot 3} = \square$
  30 12
$30 + 12 = 42$

In kleine Geteiltaufgaben zerlegen.

$96 : 8 = \square$
$\underline{80 : 8} + \underline{16 : 8} = \square$
  10 2
$10 + 2 = 12$

Tausch- und Umkehraufgabe:

$4 \cdot 8 = 32 \xrightarrow{\;T\;} 8 \cdot 4 = 32$
$\quad\downarrow U \qquad\qquad\qquad \downarrow U$
$32 : 8 = 4 \xrightarrow{\;T\;} 32 : 4 = 8$

Ist der Platz ganz vorne leer, rechne ich von hinten her.

$\square \cdot 8 = 56$
$56 : 8 = 7$

1 Rechne und untersuche die Ergebnisse. Was fällt dir auf?

1 · 2	1 · 3	1 · 5	1 · 9	1 · 10
2 · 2	2 · 3	2 · 5	2 · 9	2 · 10
3 · 2	3 · 3	3 · 5	3 · 9	3 · 10
4 · 2	4 · 3	4 · 5	4 · 9	4 · 10
5 · 2	5 · 3	5 · 5	5 · 9	5 · 10
6 · 2	6 · 3	6 · 5	6 · 9	6 · 10
7 · 2	7 · 3	7 · 5	7 · 9	7 · 10
8 · 2	8 · 3	8 · 5	8 · 9	8 · 10
9 · 2	9 · 3	9 · 5	9 · 9	9 · 10
10 · 2	10 · 3	10 · 5	10 · 9	10 · 10

Ich achte beim Ergebnis auf die E-Stelle und die Prüfzahl.

→ S. 135

2 Findest du zu den Ergebniszahlen aus Aufgabe 1 noch weitere Multiplikationsaufgaben?

So kannst du die Prüfzahl finden:
4 · 9 = 36

3 + 6 = 9
Prüfzahl: 9

3 Regeln zur Teilbarkeit. Ergänze passende Zahlen.
a) Gerade Zahlen sind durch ☐ teilbar.
b) Zahlen mit einer 0 an der E-Stelle sind durch ☐, durch ☐ und durch ☐ teilbar.
c) Zahlen mit einer 5 an der E-Stelle sind durch ☐ teilbar.
d) Zahlen mit der Prüfzahl 9 sind durch ☐ und durch ☐ teilbar.
e) Ist die Prüfzahl durch 3 teilbar, ist die Zahl durch ☐ teilbar.

4

1	2	3	4	5	6	7	8	9	10
11	12	13	14	15	16	17	18	19	20
21	22	23	24	25	26	27	28	29	30
31	32	33	34	35	36	37	38	39	40
41	42	43	44	45	46	47	48	49	50
51	52	53	54	55	56	57	58	59	60
61	62	63	64	65	66	67	68	69	70
71	72	73	74	75	76	77	78	79	80
81	82	83	84	85	86	87	88	89	90
91	92	93	94	95	96	97	98	99	100

Teiler zu 6:
1, 2, 3, 6

6

→ S. 136

a) Die Punkte verraten dir die Teiler der Zahlen. Erkläre.
b) Suche die Teiler zu 6, 27, 32, 48, 69, 96.
   Überprüfe so, ob deine Teiler richtig sind.

Zahlensätze des kleinen Einmaleins sowie deren Umkehrung automatisiert und flexibel anwenden

	Einheiten	Umrechnungs- beispiele	Kommaschreibweise
Geld	1 € = 100 ct 1 Euro = 100 Cent	500 ct = 5 € 900 ct = 9 € 1000 ct = 10 € 8000 ct = 80 € 2 € = 200 ct 60 € = 6000 ct	23 € 42 ct = 23,42 € 3 € 42 ct = 3,42 € 42 ct = 0,42 € 2 ct = 0,02 € 5 € 50 ct = 5,50 € 50 ct = 0,50 € 5 ct = 0,05 €
Längen	1 km = 1000 m 1 Kilometer = 1000 Meter 1 m = 100 cm 1 Meter = 100 Zentimeter 1 cm = 10 mm 1 Zentimeter = 10 Millimeter	3 km = 3000 m 4 m = 400 cm 6 cm = 60 mm 7000 m = 7 km 500 cm = 5 m 80 mm = 8 cm	4 m 28 cm = 4,28 m 28 cm = 0,28 m 8 cm = 0,08 m

	Einheiten	Umrechnungsbeispiele
Gewichte	1 kg = 1000 g 1 Kilogramm = 1000 Gramm	5 kg = 5000 g 8000 g = 8 kg
Zeit	1 Sekunde = 1 s 1 Minute = 1 min 1 Stunde = 1 h 1 min = 60 s 1 h = 60 min 1 h = 3600 s eine halbe Stunde = 30 min eine Viertelstunde = 15 min eine Dreiviertelstunde = 45 min 1 Tag hat 24 Stunden. 1 Woche hat 7 Tage. 1 Jahr hat 12 Monate oder 52 Wochen oder 365 Tage.	360 s = 6 min 1000 s = 16 min 40 s 360 min = 6 h 1000 min = 16 h 40 min 1440 min = 24 h 6 h = 360 min 5 h = 300 min 2 h = 120 min 24 h = 1 Tag 100 h = 4 Tage 4 h 1000 h = 41 Tage 16 h 21 Tage = 3 Wochen 35 Tage = 5 Wochen 365 Tage = 1 Jahr

Abkürzungen zu den standardisierten Maßeinheiten verwenden; Einheiten innerhalb eines Größenbereichs zerlegen und umwandeln

133

Schlag nach

Worterklärung	MB Seite
achsenssymmetrisch	78
Eine Figur ist achsenssymmetrisch, wenn sie durch Spiegelung an der Symmetrieachse auf sich selbst abgebildet wird.	

Symmetrieachse

Worterklärung	MB Seite
Addition / addieren	46
Eine Addition ist eine Plusrechnung. Addieren bedeutet dazuzählen.	
Balkendiagramm	121
In einem Balkendiagramm lassen sich Daten anschaulich als waagerechte Balken darstellen und vergleichen.	

Tiere
Hase
Fische
Anzahl Tiere
0   5

Bandornament	68
Ein Bandornament ist eine Reihe aus einem sich wiederholenden Muster.	
Baumdiagramm	63, 124
Mit einem Baumdiagramm kann man die Anzahl von unterschiedlichen Kombinationsmöglichkeiten übersichtlich darstellen.	

2   5   8
5
8

Worterklärung	MB Seite
deckungsgleich	72, 78
Zwei Flächen sind deckungsgleich, wenn sie durch Verschieben oder Klappen genau aufeinander passen.	
das Doppelte	17, 28
Eine Zahl, die mit 2 malgenommen wurde. Das Doppelte von 5 ist 10, denn $2 \cdot 5 = 10$.	
Differenz	100
Das Ergebnis einer Subtraktion.	
Division / dividieren	52
Eine Division ist eine Geteiltrechnung. Dividieren bedeutet teilen.	
Fingereinmaleins	16
So übst du mit dem Fingereinmaleins: Die Einmaleinszahlen auf dem Blatt mit den Fingern abdecken. Die Einmaleinsaufgaben im Kopf rechnen und durch Heben des Fingers überprüfen.	
die Hälfte	28
Eine Zahl, die durch 2 geteilt wurde. Die Hälfte von 10 ist 5, denn $10 : 2 = 5$.	
Kernaufgaben	14, 15
sind alle Einmaleinsaufgaben mit 1, 2, 5 und 10 sowie alle Quadrataufgaben.	

Worterklärung	MB Seite

Kreisdiagramm — 122
In einem Kreisdiagramm lassen sich Daten anschaulich als Kreisabschnitte darstellen.

Multiplikation / multiplizieren — 50
Eine Multiplikation ist eine Malrechnung.
Multiplizieren bedeutet malnehmen.

Nachbaraufgaben — 15
Das sind die Aufgaben, die in der Einmaleinstabelle direkt oberhalb, unterhalb, rechts und links von einer Aufgabe stehen.

$$4 \cdot 9$$
$$5 \cdot 8 \quad 5 \cdot 9 \quad 5 \cdot 10$$
$$6 \cdot 9$$

Parkett — 69
Ein Parkett ist eine Fläche aus sich wiederholenden Musterreihen.

Prüfzahl (Quersumme) — 19, 20, 132
Wenn du die Ziffern eines Ergebnisses zusammenzählst, erhältst du die Prüfzahl.
Beispiel: $5 + 7 = 12$
Addiere die Ziffern 1 und 2.
$1 + 2 = 3 \rightarrow$ die Prüfzahl ist 3

Worterklärung	MB Seite

Rauminhalt — 75
Der Inhalt eines Körpers.

rechter Winkel — 64
Wenn eine Linie senkrecht auf eine andere Linie trifft, entsteht ein rechter Winkel.

Runden — 56
Du kannst auf Zehner oder Hunderter runden. Bis 4 musst du abrunden, ab 5 musst du aufrunden.
Auf Zehner gerundete Zahlen enden mit einer Null:
$124 \approx 120; 125 \approx 130$
Auf Hunderter gerundete Zahlen enden mit zwei Nullen:
$149 \approx 100; 151 \approx 200$

Säulendiagramm — 121
In einem Säulendiagramm lassen sich Daten anschaulich als senkrechte Säulen darstellen und vergleichen.

senkrecht — 10, 64
Eine Linie steht senkrecht auf einer anderen Linie, wenn sie mit ihr einen rechten Winkel bildet.
Im Sinne der Leserichtung ist damit auch „von oben nach unten" gemeint.

Skizze — 11, 119
Eine Skizze ist eine einfache Zeichnung, die das Wesentliche möglichst klar darstellt.

Schlag nach

Worterklärung	MB Seite
Stellenwerttabelle Diese Tabelle zeigt die Werte der Ziffern in einer Zahl. In jeder Zahl ist eine Stellenwerttabelle versteckt. Beispiel: Die Zahl 123 hat $\begin{array}{\|c\|c\|c\|} H & Z & E \\ 1 & 2 & 3 \end{array}$.	36, 86
Subtraktion / subtrahieren Eine Subtraktion ist eine Minusrechnung. Subtrahieren bedeutet abziehen.	47
Summe Das Ergebnis einer Addition.	86
Tauschaufgabe (T) $5 + 7 = 12 \;—(T)→\; 7 + 5 = 12$ $3 \cdot 5 = 15 \;—(T)→\; 5 \cdot 3 = 15$	15
Teiler Teiler einer Zahl sind alle Zahlen, durch die ich eine Zahl ohne Rest teilen kann. Beispiel: Teiler von 12 $12 : 1 = 12 \quad 12 : 4 = 3$ $12 : 2 = 6 \quad 12 : 6 = 2$ $12 : 3 = 4 \quad 12 : 12 = 1$ Teiler von 12: 1, 2, 3, 4, 6, 12.	27, 132
Überschlagen nennt man das Rechnen mit gerundeten Zahlen. Beispiel: $21 + 38 = \square$ Ü: $20 + 40 = 60$ Das genaue Ergebnis liegt in der Nähe von 60.	57, 106
Umkehraufgabe (U) $5 + 7 = 12 \qquad 3 \cdot 4 = 12$ $\downarrow(U) \qquad\qquad \downarrow(U)$ $12 - 7 = 5 \qquad 12 : 4 = 3$	6, 15
vergrößern / Vergrößerung Von etwas eine größere Kopie herstellen.	80

Worterklärung	MB Seite
verkleinern / Verkleinerung Von etwas eine kleinere Kopie herstellen.	80
Verwandte Aufgaben Es sind Umkehr- und Tauschaufgaben. $3 \cdot 4 = 12 \;—(T)→\; 4 \cdot 3 = 12$ $\downarrow(U) \qquad\qquad \downarrow(U)$ $12 : 4 = 3 \;—(T)→\; 12 : 3 = 4$	16
Vielfache Ein Vielfaches ist immer das Ergebnis einer Malaufgabe. Beispiel: Vielfache von 5 sind 10, 15, 20, 25, ...	27
waagerecht bedeutet parallel zum Horizont. Im Sinne der Leserichtung ist damit auch „von links nach rechts" gemeint.	10
Zahl Eine Zahl besteht aus Ziffern. Die Zahl 123 hat die Ziffern 1, 2 und 3. Eine Zahl kann ein- oder mehrstellig sein: 5, 55, 555, ...	34
Zielzahl Die Zielzahl findest du im obersten Stein einer Rechenmauer. 20 ←—Zielzahl / 12 8 / 7 5 3	9
Ziffer Es gibt zehn verschiedene Ziffern: 0, 1, 2, 3, 4, 5, 6, 7, 8 und 9. Aus Ziffern kannst du Zahlen bilden.	34, 37

Hier darfst du immer wieder gerne spicken.